★ 全国幼儿教师培训用书

梦山书系

幼儿园
家庭教育指导方案
精选30例

王哼 ◎ 主编

海峡出版发行集团 | 福建教育出版社

图书在版编目（CIP）数据

幼儿园家庭教育指导方案精选30例/王哼主编. —福州：福建教育出版社，2025.5

ISBN 978-7-5758-0377-9

Ⅰ．G781

中国国家版本馆CIP数据核字第20257PF127号

You'eryuan Jiating Jiaoyu Zhidao Fangan Jingxuan 30 Li
幼儿园家庭教育指导方案精选30例
王哼 主编

出版发行	福建教育出版社
	（福州市梦山路27号　邮编：350025　网址：www.fep.com.cn）
	编辑部电话：010-62027445
	发行部电话：010-62024258　0591-87115073）
出 版 人	江金辉
印　　刷	福州万达印刷有限公司
	（福州市闽侯县荆溪镇徐家村166-1号厂房第三层　邮编：350101）
开　　本	710毫米×1000毫米　1/16
印　　张	12
字　　数	165千字
插　　页	2
版　　次	2025年5月第1版　2025年5月第1次印刷
书　　号	ISBN 978-7-5758-0377-9
定　　价	42.00元

如发现本书印装质量问题，请向本社出版科（电话：0591-83726019）调换。

目 录

"提升幼儿家庭教育质量"指导方案 …………………………… 001

"幼儿家庭劳动教育"指导方案 ………………………………… 009

"幼儿家庭品德教育"指导方案 ………………………………… 016

"家庭氛围对幼儿的重要影响"指导方案 ……………………… 022

"家庭对幼儿耐挫力的影响"指导方案 ………………………… 027

"提高幼儿情绪调节能力"指导方案 …………………………… 033

"提高幼儿生活自理能力"指导方案 …………………………… 039

"提升家长科学育儿能力"指导方案 …………………………… 046

"家庭中有效运用心理学效应"指导方案 ……………………… 053

"微课赋能家庭教育"指导方案 ………………………………… 060

"如何在家庭中培养幼儿的倾听习惯"指导方案 ……………… 067

"培养幼儿积极心理品质"指导方案 …………………………… 073

"培养幼儿家庭阅读习惯"指导方案 …………………………… 079

"幼儿家庭前书写教育"指导方案 ……………………………… 084

"家长助力幼儿情绪管理"指导方案 …………………………… 091

"三胎背景下幼儿心理健康教育"指导方案 …………………… 097

"让小班幼儿独立进餐"指导方案 ……………………………… 103

"巧妙应对幼儿生活中的提问"指导方案 ……………………… 109

"家庭亲子阅读技巧"指导方案 ………………………………… 114

"优化亲子阅读策略"指导方案……………………………………120

"家庭中的幼小衔接"指导方案……………………………………126

"巧妙应对幼小衔接"指导方案……………………………………131

"让幼小衔接从小班起步"指导方案………………………………138

"幼小衔接视角下小班亲子阅读"指导方案………………………146

"家长如何帮助幼儿做好幼小衔接"指导方案……………………152

"引导家长正确认识幼儿学习数学的重要性"指导方案…………160

"引导家长正确认识户外游戏的价值"指导方案…………………165

"规则游戏提升家庭教育质量"指导方案…………………………171

"提高家长家庭教育能力"指导方案………………………………177

"定制活动提升祖辈家长教养能力"指导方案……………………183

"提升幼儿家庭教育质量"指导方案

一、问题描述

幼儿家庭教育在幼儿成长中占重要地位,其有效性直接关系到幼儿的全面发展。随着社会的快速发展和科技的进步,幼儿家庭教育面临着新的挑战和机遇,也经历着观念转变和模式创新,传统的"棍棒教育"和"填鸭式教育"逐渐被现代教育理念所取代。家长更加注重幼儿的全面发展,关注幼儿的兴趣、特长和个性发展。他们认识到,幼儿不是学习的机器,而是具有独立个性和情感的生命体。然而,尽管家长的教育观念在不断转变,但在家庭教育中仍存在一些误区,如过分保护幼儿、为幼儿包办一切,又如缺乏科学的育儿方法,导致幼儿出现逆反心理,等等。

二、原因分析

越来越多的家长,在教育幼儿的过程中,更加注重与幼儿的沟通和理解,他们尊重幼儿,努力为幼儿营造一个温馨、和谐、积极向上的家庭氛围。家长意识到,教育不仅能给幼儿传授知识,而且能够提高幼儿的综合素质。面对现代家庭教育中存在的各种误区,我们经过调查、分析,发现主要存在以下原因:首先,一些家长存在过度照顾和过度宠爱幼儿的现象。他们害怕幼儿受到伤害或挫折,因此总是过分地保护幼儿,为幼儿包办一切。这种教育方式会导致幼儿缺乏独

立性、自主性和抗挫能力，难以适应社会的需求。其次，一些家长存在重智轻能、重智轻德的现象。他们过分关注幼儿的学习成绩和智力发展，忽视了对幼儿能力和品德的培养。这种教育方式会导致幼儿片面发展，缺乏综合素质和人文素养，甚至还会出现逆反心理，在学习中的畏难情绪不断提升等。除此之外，家庭教育资源的不足也是当前幼儿家庭教育中面临的一个重要问题。家庭教育资源包括家长的文化素养、教育水平、经济条件等多个方面。一些家长的文化素养和教育水平有限，无法为幼儿提供科学、有效的教育指导，在教育幼儿时感到力不从心。还有一些家庭的经济条件有限，无法为幼儿提供丰富的教育资源和学习环境，或多或少地也会影响幼儿的全面发展。

三、工作目标

1. 帮助家长不断学习和提升自己的教育素养和教育能力。

2. 引导家长积极争取和利用各种教育资源来为幼儿提供更好的家庭教育环境。

四、工作措施

（一）提升家长的家庭教育理论素养

1. 阅读专业书籍

为了更有效地开展家庭教育，家长应主动阅读专业书籍，增加理论储备。这些书籍不仅涵盖了家庭教育的基本理论和原则，还提供了丰富的实践案例和策略。通过阅读，家长可以了解不同年龄段幼儿的心理发展特点、教育需求和成长规律，从而更加科学地制订教育计划和方法。同时，专业书籍还能帮助家长认识到家庭教育中可能存在的误区，引导家长走出误区，树立正确的教育观念。

2. 参与培训

除了阅读专业书籍外，家长还应积极参与各种家庭教育培训活动。这些培训活动通常由专业的教育机构或专家组织，旨在提升家长的家庭教育理论素养和实践能力。在培训中，家长可以学习到最新的教育理念和方法，了解家庭教育的最新动态和研究成果。同时，培训还能为家长提供一个交流和分享的平台，让家长们在相互学习和借鉴中不断提升自己的教育水平。

（二）建立良好的亲子关系

1.时常陪伴幼儿

良好的亲子关系是家庭教育的基础。为了建立和维护这种关系，家长应时常陪伴幼儿，与幼儿进行亲密的互动和交流。陪伴幼儿不仅可以增进亲子之间的情感联系，还能让幼儿感受到家庭的温暖和关爱。在陪伴幼儿的过程中，家长可以参与幼儿的游戏、学习和生活，了解幼儿的需求和想法，为幼儿提供必要的支持和帮助。

2.完善语言系统

语言是沟通的重要工具，也是亲子关系的重要组成部分。为了与幼儿建立良好的沟通机制，家长应努力完善自己的语言系统。这包括使用积极、正面的语言来鼓励和肯定幼儿，避免使用消极、负面的语言来批评和指责幼儿。同时，家长还应注重语言的准确性和清晰度，确保幼儿能够准确理解自己的意图和期望。此外，家长还可以与幼儿一起阅读、讲故事、唱歌等，丰富幼儿的语言经验和表达能力，促进幼儿的语言发展。

（三）注重培养幼儿的能力

1.培养自主意识

自主意识是幼儿独立成长的重要基石。为了培养幼儿的自主意识，家长可以从以下几个方面入手。

首先，给予幼儿适当的自由空间，让幼儿有机会自己做决定和承担责任。例如，在日常生活中，家长可以让幼儿选择自己的衣服、玩具或食物等，同时告诉幼儿做出选择的结果，让幼儿学会为自己的选择负责。

其次，鼓励幼儿表达自己的意见和感受，尊重幼儿的个性差异。当幼儿提出自己的想法或建议时，家长应认真倾听并给予积极的反馈，让幼儿感受到自己被重视。

最后，通过适当的引导和奖励，激发幼儿的主动性和积极性。当幼儿主动完成某项任务或取得进步时，家长应及时给予表扬和奖励，让幼儿体验到成功的喜悦。

2.培养独立能力

独立能力是幼儿未来生活和工作中必备的技能之一。为了培养幼儿的独立能力，家长可以从以下几个方面着手。

首先，让幼儿参与家务劳动，如整理房间、洗碗、扫地等。这些简单的家务劳动不仅可以锻炼幼儿的动手能力，还可以培养幼儿的责任感和独立性。

其次，鼓励幼儿自己解决问题和面对挑战。当幼儿遇到困难或挫折时，家长应给予适当的指导和支持，但不要代替幼儿解决问题。让幼儿学会独立思考和寻找解决问题的方法，从而培养他们的独立性和抗挫能力。

最后，提供适当的学习资源和环境，让幼儿学会自主学习和自我管理。例如，家长可以和幼儿一起制订学习计划和时间表，让幼儿学会自己安排学习和生活。

3.注重品德教育

品德教育是家庭教育的核心之一。家长应注重培养幼儿的道德品质和社会责任感。

首先，家长应以身作则，为幼儿树立良好的榜样。通过自己的言行举止来影响和教育幼儿，让幼儿学会尊重他人、关心他人、帮助他人。

其次，家长可以通过讲故事、看电影等方式向幼儿传授正确的价值观和道德观念。让幼儿了解什么是真善美、什么是假恶丑，培养他们的道德判断力和道德选择能力。

最后，家长还可以鼓励幼儿参与社会公益活动或志愿服务等，让幼儿在实践中感受社会的温暖和力量，培养他们的社会责任感。

需要注意的是，在家庭教育中，家长应注重平衡幼儿的智力和综合素质能力的培养。智力发展固然重要，对幼儿综合素质能力的培养同样不可忽视。家长可以通过多样化的教育方式和方法来平衡幼儿的智力和能力的发展。例如，在智力方面，家长可以引导幼儿广泛阅读各类书籍、玩益智游戏；在能力方面，家长可以鼓励幼儿参与体育运动、艺术创作、社会实践等，培养幼儿的动手能力、创新思维和社交能力。

（四）丰富家庭教育资源与学习环境

1.拓展教育资源

（1）书籍与阅读材料

多样化选择：为幼儿提供丰富多彩的书籍，包括绘本、科普书、故事书等，以满足他们不同的阅读兴趣和需求。

定期更新：随着幼儿的成长和兴趣变化，定期更新书籍资源，确保内容的时效性和吸引力。

亲子共读：家长与孩子共同阅读，不仅能增进亲子关系，还能培养孩子的阅读兴趣和习惯。

（2）在线教育资源

利用网络平台：如教育APP、在线课程、儿童学习网站等，这些平台提供了丰富的学习内容和互动方式。

仔细筛选：在众多在线教育资源中，家长应根据幼儿的年龄、兴趣和学习需求，仔细筛选适合的内容。确保所选资源具有教育性、科学性和趣味性。

评估质量：了解资源的来源、作者背景和教学评价，确保资源的质量可靠，能够真正帮助幼儿提高学习效果。

监督学习：利用在线教育资源提高幼儿的学习能力、智力和记忆力，家长应给予适当的监督和指导，确保幼儿的学习效果。

（3）社区与文化活动

参与社区活动：鼓励幼儿参加社区组织的各类文化活动，如亲子运动会、故事会、手工艺制作活动等，丰富他们的社会经验。

参观文化场所：带幼儿参观博物馆、图书馆、科技馆等文化场所，拓宽他们的视野和知识面。

2.营造良好学习环境

（1）设立专门学习区域

独立空间：为幼儿设立一个独立、安静的学习区域，远离嘈杂和干扰，有助于他们集中注意力。

舒适环境：确保学习区域光线充足、通风良好，并配备适合幼儿身高的桌椅和必要的学习用品。

（2）培养良好学习习惯

固定作息时间：制定固定的作息时间表，让幼儿养成良好的作息和学习习惯。

自主学习：鼓励幼儿学会自主学习，培养他们的自我管理和时间规划能力。

（3）营造家庭学习氛围

积极态度：家长应以身作则，展现出积极的学习态度和行为，为幼儿树立榜样。

鼓励与支持：在幼儿学习过程中给予及时的鼓励和支持，增强他们的自信心和动力。

（五）家园共育，形成合力

1.加强家园沟通

家园共育是促进幼儿健康成长的重要途径之一。为了加强家园沟通，家长应主动与幼儿园保持联系，了解幼儿在园的表现和进步情况。同时，家长还应积极参与幼儿园的各项活动，与教师和其他家长交流育儿经验和心得。通过家园沟通，家长可以更好地了解幼儿的需求和问题，与教师共同制定个性化的教育方案，促进幼儿的全面发展。

2. 成立家长委员会与膳食委员会

幼儿园高度重视家长的参与和意见，成立了由家长代表组成的家长委员会和膳食委员会。这些委员会下设多个小组，如教学组、后勤组、宣传组、卫生组等，确保家长能够全方位地参与到幼儿园的管理和决策中来。家长委员会定期召开会议，讨论并解决孩子们在幼儿园中遇到的问题，同时也为家长提供科学的育儿知识和方法。

3. 定期召开家长会

幼儿园定期组织家长会，邀请专家或教师为家长讲解育儿知识、分享教育经验。家长会内容涵盖幼儿心理发展、行为习惯培养、安全教育等多个方面，旨在帮助家长掌握科学的育儿方法，提高家庭教育水平。同时，家长会也是家长之间交流心得、分享经验的平台，促进了家园之间的沟通与合作。

4. 开展多样化的家园活动

为了增强家园之间的联系和互动，幼儿园会开展多样化的家园活动。这些活动包括亲子运动会、亲子阅读会、家庭才艺展示等。通过参与这些活动，家长可以更好地了解幼儿的兴趣和特长，与幼儿一起享受亲子时光。同时，这些活动还可以促进家长之间的交流和合作，形成共同关注幼儿成长的良好氛围。通过不断学习和实践，相信家长可以更加科学、有效地进行家庭教育，为幼儿的健康成长和全面发展奠定坚实的基础。

我们还会精心策划一些特色活动，如课程大观园活动，让家长深入了解幼儿园的教学内容和方法；跳蚤市场扶贫公益活动，培养幼儿的公益意识和社交能力；六一亲子活动，为幼儿营造欢乐的节日氛围，扩大幼儿交际圈；爸爸妈妈故事团活动，鼓励爸爸妈妈们为幼儿讲述故事，培养幼儿的阅读兴趣；家长助教活动，邀请家长走进课堂，为幼儿带来不一样的学习体验；家长陪餐活动，让家长了解幼儿园的膳食情况，共同关注幼儿的饮食健康，掌握科学的膳食营养

知识。

在实践中,我们通过邀请家长深度参与幼儿园的各项活动,不仅增强了家长的教育意识,还显著提升了家庭教育质量,为幼儿的全面发展奠定了坚实基础。多样化的家园活动不仅增进了家长和幼儿之间的情感交流,还促进了家园之间的合作与沟通。家长们更加信任和支持幼儿园的工作,愿意为幼儿的成长贡献自己的力量。幼儿园也通过家长的反馈和建议不断改进和完善教育工作,形成了良好的家园共育氛围。

五、工作总结

幼儿家庭教育是幼儿成长中不可或缺的一部分,通过一系列的措施,家长对家庭教育的认识更加深入,教育意识显著增强。在幼儿园的指导下,家长们掌握了更多科学的育儿知识和方法,幼儿在家庭中也能够得到全面、科学的照顾和教育,成长环境更加健康、和谐。

广东省深圳市大鹏新区葵涌中心幼儿园 张玲

"幼儿家庭劳动教育"指导方案

一、问题描述

家庭劳动教育对于幼儿的发展起着其他教育都无法替代的重要作用,但调查发现:由于当前家庭教育中存在过度保护和溺爱子女的情况仍较多,许多家长缺乏对幼儿劳动教育的重视,忽视了对幼儿劳动能力的培养。甚至有些家长连幼儿的日常生活自理行为也要亲力亲为,怕幼儿打碎碗、怕幼儿弄脏衣服、怕幼儿给家里增加麻烦……索性不让他们参与家务劳动,没有给幼儿提供锻炼劳动能力的机会。另外,随着当前家庭生活水平的不断提高,家长在物质上能尽可能地满足幼儿,再加上对幼儿的溺爱,要什么就买什么,东西得来太容易,用腻了扔、坏了扔、没坏的也要扔,幼儿对爱惜、浪费没有概念,更不知道节约。以上种种对幼儿的健康成长都是不利的。

二、原因分析

幼儿家庭劳动教育是指在家庭中家长树立幼儿正确的劳动观念和培养幼儿养成劳动习惯,以及从事一定的家务劳动的教育活动。出现以上种种问题,主要有三大原因:

1.家长的社会价值取向偏离

家长认为学习比劳动重要,将家庭劳动与学习对立起来,忽略了劳动对幼儿的重要性。事实上,劳动不仅不会耽误幼儿的学习,反而

会促进他们的智力发展。

2.家长的劳动教育理念有偏差

家长认为做家务是有危险的,仅仅为了安全就禁锢幼儿的手脚,不让幼儿参加家庭劳动。但实际上幼儿不接触危险,就永远意识不到危险,也不会有效地规避危险。家长不知道让幼儿学会处理一些小危险更利于他们今后应对突发的事故。

3.家长缺乏正确指导幼儿参加家庭劳动的方法

家长对幼儿参加家庭劳动的指导很随意,仅仅依靠语言讲授,幼儿不容易理解。幼儿的学习是以具体形象思维和直觉行动为主的,只有通过亲自参与接触才能理解和掌握。劳动是一种实践活动,幼儿只有在充分接触的过程中才能真正体验家庭劳动,学会家庭劳动。

三、工作目标

1.引导家长认识到家庭劳动教育的意义和重要作用。

2.帮助家长树立正确的劳动观念,促进幼儿家庭劳动教育科学健康发展。

3.帮助家长掌握正确的幼儿家庭劳动教育方法。

四、工作措施

(一)增强家长对家庭劳动教育的认识

增强对事物的认知是人们充分认识事物和驾驭事物的前提。只有增强家长对幼儿劳动教育重要性的认识才可能使幼儿家庭劳动教育状况得到改善。

1.家长树立正确的劳动教育观念

家长的教育观念直接影响着他们的教育行为,是实施家庭劳动教育的关键。家长需要认识到劳动是一种创造美的形式,是一种表现美的锻炼,而不是把劳动看成是生活中的一种负累。家长要转变"劳动不重要""孩子大了自然就会做家务"的观念,家长必须明白,不是家庭劳动需要幼儿，而是幼儿的个性发展需要家庭劳动。动手劳动是幼儿思维发展的重要途径，通过基本的劳动训练，能够加快幼儿脑细胞的发育成长，促进智力发展。与此同时还能促进幼儿肌肉的发育和肢体协调，锻炼幼儿的身体，增强体质，促进幼儿的身体健康发展。除此之外，劳动还可以促进幼儿形成良好的道德品质。幼儿在劳动过程中会体验到劳动的辛苦，感受到劳动结果是来之不易的，能够学会珍惜劳动成果，尊重劳动和劳动者。通过劳动实践，幼儿能够逐步养成吃苦耐劳、勤劳俭朴等良好品质。同时也能让幼儿在参与劳动中意识到自己是家庭中的一分子，初步萌发家庭责任感。

2.家长要遵循家庭劳动教育的基本原则

劳动教育的基本原则是幼儿家庭劳动教育实施的关键。家长如果想体现早期家庭劳动教育对幼儿的价值，就必须严格落实以下原则。

（1）因材施教原则

由于家庭劳动对幼儿的体力和动作技能有一定的要求，而幼儿的认知能力、体力、动作技巧存在个体差异，更不同于成人，所以家长在引导幼儿做家庭劳动时一定要考虑这一点。家长应根据幼儿的实际能力提出不同的要求，挑选家庭劳动中体力要求不高、动作技能适合幼儿的劳动让他们做。否则会让幼儿觉得家庭劳动是可望而不可即的，也会让幼儿体验到挫败感。

（2）渐进与层次原则

幼儿的劳动技能与他们的年龄大小、劳动经验多少密切相关，因为幼儿接触劳动层次的不同和劳动时间的多少，幼儿的劳动表现和劳动能力也就不同。因此，家长在指导幼儿参与家庭劳动时，要让幼儿从自己分内事开始学习，学习自己穿衣、自己吃饭、自己如厕、自己收拾玩具……以培养幼儿的自我服务意识为先，然后再培养他们为家人服务、为家庭劳动的意识。家长可以与幼儿一起讨论并制订一份家庭劳动计划，对不同年龄段的幼儿制定不同的家庭劳动目标。在幼儿获得初步的劳动技能后，要根据幼儿发展需要，适当提高他们劳动的

速度、难度和质量。

（3）安全性原则

幼儿的安全是进行家庭劳动教育的前提。家长在引导幼儿参与家庭劳动过程中，除了满足幼儿在劳动中获得锻炼、得到发展的需求，一定要考虑幼儿所参与的家庭劳动中的安全隐患，避免幼儿参与存在不安全因素的家庭劳动，更不能让幼儿从事危险的家庭劳动，如擦窗外、插电插头、接开水、独自开火炒菜……家长一定要保证幼儿在参与家庭劳动时的人身安全。

（4）坚持性原则

实施家庭劳动教育过程中，家庭成员要保持一致，杜绝一个家长对幼儿提出劳动要求，另一个家长"唱反调"，干涉、反对或代替幼儿完成等。家长还应该做到持之以恒、坚持不懈，对幼儿的家庭劳动教育不能"三天打鱼两天晒网"，要坚持要求幼儿凡是自己能做的事一定要自己做，今天的事一定要今天做，朝令夕改的家庭劳动教育将会打断或打乱对幼儿的渐进式教育，久而久之就会让幼儿形成做事有头无尾、拖拉等不良习惯。

（二）帮助家长正确运用家庭劳动教育指导方法

1.让幼儿分担家务，懂得家庭劳动是应尽的义务

劳动是人生存的基本能力，家长可以让幼儿参与擦桌、扫地、择菜等家庭劳动活动，并引导幼儿理解家庭成员都有义务做家务，不能让幼儿认为参加家庭劳动是帮父母干活。家长应该让幼儿做力所能及的家庭劳动，让幼儿明白自己是家庭中的一员，有义务和责任帮助家里分担一些事情，培养幼儿的家庭责任感。

2.把握良好契机，给予幼儿劳动机会

好模仿是幼儿心理的一大特点。幼儿常常通过"过家家"游戏，模仿家长洗衣、做饭、扫地、带娃等家庭劳动，这正是良好的契机，家长应该利用幼儿善于模仿的年龄特点，对他们进行劳动意识培养。家长在日常活动中要善于发现并及时抓住教育机会，将幼儿无意识的

玩耍引向有意识的劳动乐趣体验。幼儿参与家庭劳动的机会时时有、处处有，家长要舍得放手、愿意放手，放手让幼儿去尝试、去体验、去学习，帮助幼儿树立"我会做""我能做"的自信心。

3.采用积极措施，提高幼儿参与劳动的兴趣

仅仅通过口头教授的方式让幼儿参与家庭劳动是不够的，家长要采取积极的措施提高幼儿参加劳动的兴趣。在开展家庭劳动前，家长可以和幼儿一起列出所有要做的家庭劳动，一起讨论这些劳动需要多久做一次、每次做要花多长时间、哪项家务应该由谁完成、怎样完成效率更高，等等。接下来，家长还可以和幼儿一起商讨："你想做什么家庭劳动？""你几天做一次？""怎样才能让你一目了然地记住要做的家庭劳动呢？"让幼儿对自己要参与的家庭劳动心中有数。幼儿年龄小，劳动目的性不强，家长可以利用游戏来提高幼儿参与家庭劳动的兴趣，从情境扮演中激发幼儿的劳动愿望；从趣味活动中帮助幼儿学习劳动技能；从学唱歌曲中熏陶幼儿从小树立热爱劳动、劳动最光荣的思想；从观看影片中启发幼儿懂得尊重劳动、珍惜劳动成果的情感；和幼儿玩"看谁做得好""看谁做得快"游戏，增加劳动的竞赛性……有了家长的积极引导，相信幼儿会更乐于参与家庭劳动。

4.教给幼儿劳动知识和技巧，学会劳动安全防护

由于幼儿在体力和技巧方面还不成熟，缺乏知识经验，劳动时常常会出现"帮倒忙"的现象，或者使自己受到伤害，这正是很多家长不让幼儿参与家庭劳动的原因。但是"不让"幼儿劳动并不能解决问题，关键是要教会幼儿怎么做。对于比较复杂的家庭劳动，家长要当好幼儿的第一位老师，抓住示范的机会，教给幼儿一些劳动"诀窍"，手把手进行具体指导，帮助幼儿学习劳动知识，掌握劳动技能。如擦桌子时，告诉幼儿要顺着一个方向擦，小心磕到桌角和椅子；收捡碗筷时，提醒幼儿走路要慢，如果打碎了碗盘，不能徒手清理……这样，幼儿在逐步学会家庭劳动技能的同时也习得了安全防护知识。

5. 赞赏幼儿的劳动行为，激发幼儿的劳动热情

幼儿的劳动热情与家长的鼓励、赞赏有着密切关系。由于幼儿的认知能力、体力、劳动能力、劳动经验不足，劳动往往不能尽善尽美，有时还会出现好心办了坏事的情况。幼儿劳动时难免会出现错误，家长不能嘲笑或者呵斥幼儿，要抱有一颗宽容之心，要以一种正面的教育方式及时表扬幼儿，要用语言和神态去认可幼儿的劳动成果。幼儿内心非常脆弱，行为易受情绪的影响，家长要尊重和保护幼儿尚处于萌芽状态的劳动技能，用赞赏的教育方法使幼儿获得劳动的成就感和满足感，激发幼儿参加家庭劳动的持续热情。

6. 不断完善自我，给幼儿树立劳动榜样

家长在幼儿面前要树立好榜样，让幼儿在日常的环境中耳濡目染。家长要求幼儿做到的首先自己要做到，家长在生活中良好的自理习惯不经意间就会传递给幼儿，让幼儿感受到自己的事情应该自己做；家长不要经常抱怨"不想做""劳动太累了"等话语，可以在做家庭劳动时放一些欢快的音乐，让幼儿感受到做家务也是一件令人愉悦的事情。公共场合家长要做到不乱扔垃圾，维护公共卫生，让幼儿懂得尊重他人的劳动，珍惜劳动成果；周末全家一起买菜，一起做饭，一起分享美食，一起享受生活，让幼儿感受到这样温馨而美好的幸福感是全家一起劳动创造的。幼儿跟家长朝夕相处，久而久之，家长的言行举止将对幼儿产生潜移默化的影响。

五、工作总结

家庭劳动教育是家长在家庭内自觉地、有意识地对幼儿进行的劳动教育。在家庭环境中，家长是幼儿最好的老师，家长的教育对幼儿的成长具有深远的影响。家庭劳动作为劳动教育的重要组成部分，家长应该正视，并通过不断完善自己的价值观，改变对幼儿参加劳动的态度；通过一些正确的指导方法，教授幼儿掌握基本的劳动技能；通过言传身教，不断激发幼儿劳动的主动性，从而促进幼儿热爱劳动，养成良好的劳动品质，全面健康地快乐成长。

四川省成都高新区和美实验幼儿园 刘冬梅

"幼儿家庭品德教育"指导方案

一、问题描述

幼儿期是个体道德情感、品德意识和个性品质的萌芽时期，也是进行品德教育的关键期。良好品德和行为习惯的养成，对幼儿一生的健康成长具有极其重要的作用。幼儿的社会生活起步于家庭，家庭环境是塑造幼儿品德的重要场所，父母作为幼儿的第一任教师，其家庭教育的理念、方式及行为均对幼儿成长具有潜移默化的重要影响。

基于幼儿家庭品德教育的现状来看，一是家庭教育观念上存在"重智育轻德育"的倾向，部分家长过于重视幼儿智力的培养而忽视了更为重要的"树人"教育；二是家庭教养方式上"重言教轻身教"，部分家长会在发现幼儿存在品德问题时采用传统说教的方式，多停留于口头层面的内容说教，忽略家长自身榜样示范作用的重要性；三是家庭教育行为上"重物质轻内化"，部分家长通常采用物质奖励的方式对幼儿的良好品德行为进行鼓励，缺少思想的交流与内心的塑造；四是家庭教育效果上品德教育合力不足，部分家长认为品德教育是幼儿园教育该做的，幼儿在家庭中出现了品德教育的断层现象，使幼儿品德教育缺乏连续性及持久性。综上所述，家庭教育对于幼儿品德教育的培养至关重要，品德教育的发展离不开良好家庭教育环境的构建。

二、原因分析

幼儿家庭品德教育是以家庭为背景、品德为内容的教育活动。以上问题的出现，究其根源，主要有四大原因：

1. 家长对于品德教育的认识不足

家长不惜耗费大量人力、财力及物力去关注幼儿智力水平的发展，重智育轻德育，从根本上没有意识到幼儿从小养成良好品德和行为习惯，对幼儿一生的健康成长具有极其重要的作用。

2. 家长忽略言传身教作用的重要性

家长是幼儿的第一任教师，口头说教的方式不能充分发挥家长在家庭教育中的榜样示范作用，幼儿家庭品德教育的培养要注重言传与身教的结合。

3. 家长对于品德行为的评判过于表面

家长对幼儿的良好品德行为进行鼓励时多采取物质奖励，经常性的零食或玩具等物质奖励可能会降低幼儿从小形成良好品德行为的内驱力。实质上，家长忽略了品德教育的实质是内化于心、外化于行的教育。

4. 家长对于品德教育的参与度欠佳

幼儿品德教育是一项系统工程，需要健全家园社协同育人机制，才能形成一个完善的家园共育链条，这样才更有利于充分发挥教育合力。

三、工作目标

1. 引导幼儿家长充分意识到家庭品德教育的重要性。
2. 解决家长在家庭品德教育中的困惑，提升家庭教育能力。
3. 帮助家长掌握具体可行的品德教育方法，更好地在家实践家庭品德教育。

四、工作措施

(一) 转变家长家庭品德教育观念

幼儿的社会生活起步于家庭，家庭是幼儿生活、学习的第一场所，家庭教育的效果直接引领着幼儿成长的方向，家长应重视幼儿早期品德教育，及时更新教育观念，抓住幼儿品德教育的关键期。

《中华人民共和国家庭教育促进法》明确指出，家庭教育的根本任务是以"立德树人"为根本任务，其中强调树人先立德，品德教育是幼儿全面发展的基石。而家庭教育就像一棵大树，家庭中的德育就是这棵大树的根，"植树培其木，育儿养其根"，幼儿就如一颗萌芽的种子，家长是栽培者，唯有扎根土壤，幼苗方能长成参天大树，唯有美好的心灵、良好的品德，才能让幼儿成长为一个身心健康的人。

"德"是人的灵魂，德育教育就是要铸造人的灵魂。家庭是幼儿接受品德教育的第一场所，家长是其思想、行为习惯的领路人，可以说家庭是幼儿进入社会前的演练场，在"立德树人"中发挥着重要的示范引领作用。家长应从培养幼儿的心灵美和行为美入手，帮助幼儿扣好人生的第一粒扣子，迈好人生的第一个台阶。

(二) 发挥家长家庭品德教育的示范引领作用

家庭环境是幼儿成长的根基，而家长犹如幼儿的一面镜子，幼儿年龄小，善于模仿，家长的言行举止会在潜移默化中对幼儿产生影响。所以，家长应规范自己的言行，努力提升自身的品德修养，为幼儿做出良好的榜样示范。

1.育人先育己，榜样示范

家长是家庭品德教育有效发挥作用的主导力量，在家庭教育中扮演着教育者的角色，其一言一行就如一本无字的教科书。如果说家长是原件，那每个幼儿就是家长的复印件，大部分家长可以意识到自己的行为对幼儿的影响，但很少去约束自己的行为及管理自己的情绪。想要把幼儿教育好，家长首先要进行自我教育，丰富自己在育儿方面的知识，时刻牢记培养幼儿是自己的责任，时刻铭记自己的使命，用关爱的目光注视幼儿，用优秀的榜样力量感染幼儿，用真诚的提示要求幼儿，用温暖的胸怀包容幼儿，知道自身的品德教育素养直接影响着幼儿良好品德的形成，并在生活中注意通过各种方式不断提高自己各方面的修养。

2.言传身教，家风传承

古代的"孟母三迁""断机教子""岳母刺字"等故事，都是我国古代家庭重视品德教育的生动体现，家长要时时处处给幼儿做榜样。家庭品德教育中仅仅靠言传是远远不够的，还要更加重视自己身为榜样的重要性，"言传身教"是家庭品德教育中必不可少的一种教养方式。家长在日常生活中，要注重从细微小事做起，并善于从小事中引导幼儿发现真善美，每个人的生活都是由一件件小事组成的，养小德才能成大德。

幼儿良好品德的形成不仅需要家长言语的教导，也需要家长用行动来示范。家长的为人处世及道德品质都是幼儿学习的榜样，幼儿身上最初形成的品德大部分也是从家长的行为习惯中潜移默化习得的。所以，对幼儿的品德教育是家庭教育中的重大命题，是家长必须履行的重大任务。

（三）丰富家长家庭品德教育的形式

当幼儿表现出诚实、勇敢、有爱心等良好的品德时，家长的及时表扬和鼓励是非常重要的，可以让幼儿感受到自己的努力得到了认可，从而会用更加积极向上的心态去保持这些良好的品德和行为习惯。

1.巧用奖励，引导之力

现阶段家长由于工作和生活的压力，缺少对幼儿高质量的陪伴，通常采用物质奖励的方式来肯定幼儿良好的品德行为。例如，买玩具作为幼儿协助家长做家务的奖励、幼儿帮小伙伴收拾玩具给予零食作为奖励，以上行为在家庭生活中比比皆是，很多家长也习以为常，以至于物质奖励逐渐成为幼儿习惯接受的奖励方式，使得有些幼儿甚至

形成了主动索要物质奖励的习惯。

物质奖励虽然直观有效,但不应该取代精神上的肯定与赞赏,家长对于幼儿良好品德行为的鼓励,应该聚焦关键性的成长目标和良好品德的塑造,而不是事无巨细皆有奖。在物质奖励与精神激励上同时下功夫,如同阳光照耀下的种子,不仅能够激发幼儿的内在积极性,更能夯实幼儿全面发展的根基。

2.运用"互联网+",创新之举

"互联网+"时代的到来,将"互联网+品德教育"运用到家庭活动中是新时代家庭德育发展的新模式。家长可以通过线上多种渠道了解热点德育问题,并通过多种平台反馈自己的问题,寻求科学的品德教育方案。专家会针对问题对家长进行专业指导,确保家长对幼儿进行品德教育时更加科学合理。

也可以让幼儿在家庭中通过线上聆听浅显易懂的儿歌、动听的绘本故事或者做一做有趣的亲子游戏,在潜移默化中熏陶幼儿,让良好的品德入心入脑。

需要注意的是,家长要注重线上学习充电,不断调整自身的教育行为,能够为幼儿创造民主、自由、平等、和谐的家庭德育氛围。幼儿在这样的环境中才会更容易理解他人、换位思考,也会更积极主动地了解和自然习得良好的品德意识和观念,塑造良好的品德行为。

(四)提升家长家庭品德教育的实效性

随着"立德树人"根本任务的贯彻与实施,其在教育中的重要地位不言而喻,而对于幼儿的教育并非只有学校教育一方面,家庭教育同样重要,家长得知幼儿在园的情况后可综合幼儿在家的表现有针对性地持续追踪德育行为。

幼儿品德发展是一个漫长持久且螺旋上升的过程,家庭品德教育应贯穿幼儿的一生,家庭德育的影响具有基础性、终身性的特点,良好的家庭品德教育有助于幼儿的终身发展。

幼儿园应该注重利用自身优势指导家长的家庭品德教育,例如,开设家长学校、品德教育家长课堂及家长沙龙分享会等多种多样的形式，增强家园合作，重视对幼儿家庭品德教育的培养，共同促进幼儿品德教育的发展，达到事半功倍的教育效果。当家庭也成为培养幼儿良好品德的"主战场"，家长在品德教育中不可或缺的角色能量就会被激发出来。

五、工作总结

　　家庭教育是塑造幼儿良好品德的重要场域，家长应当充分发挥自身引导作用，立足"立德树人"根本目标，着手做好家庭教育，构建良好的家庭氛围，建立和谐的亲子关系，发挥家庭品德教育的连续性，在"春风化雨润物无声"中去唤醒幼儿的内心，引导幼儿看到良好品德行为的意义，从而获得内心的幸福感与满足感，体验到属于自己独有的良好品德意义上的愉悦，从而体会到生活的快乐与意义。

　　品德培养，始于幼年，道阻且长；为人父母，身先示范，持之以恒，耐心引导，终能迎来花开！

河北省石家庄市市直机关第一幼儿园　刘璐

"家庭氛围对幼儿的重要影响"指导方案

一、问题描述

家庭是幼儿出生以来的第一环境，这个环境由家庭物质条件、家庭文化氛围、家庭教养方式、家庭心理环境等要素构成，它是幼儿人格形成和发展的现实基础，营造和谐、温馨的家庭氛围，对幼儿个性、情感、性格、行为、智力及价值观等方面有着深刻的影响。如果说幼儿是一颗种子，那么家庭就是土壤，良好的家庭氛围对幼儿的身心健康发展有着十分重要的意义。然而，由于部分家庭中存在家长认知不足、家庭关系不和、亲子关系冷漠、对幼儿期望过高等问题，影响了幼儿的身心健康发展，所以，以上问题亟待解决。

二、原因分析

出现以上问题，大多是家长对良好家庭氛围对幼儿影响的不重视，这也片面反映了家长家庭教育观念有待提升。

首先要密切家庭成员的关系，家庭成员之间的关系决定了家庭氛围是否和谐。家长要爱子女，关心他们的成长，帮助他们克服困难，树立信心；子女要对家长尊重和爱戴。从后者看，家长与子女之间应平等，相互尊重，特别是家长应尊重幼儿的人格。夫妻之间、父母与长辈之间更应相互理解，和谐相处，尤其幼儿的父母要能够共同承担家务和教育子女的责任，不要出现"缺位"。家庭人际关系的和睦有利于家庭成员的心理相容，避免心理冲突，使家庭成员的心理健康水平不断提高，幼儿在这样的环境下才能快乐成长。

其次，家长要调整心理，对幼儿期望适中。家长对幼儿的期望，能使幼儿感受到家长的关心和爱，是激发幼儿积极向上的动力。但脱离幼儿实际水平的过高期望，会造成家庭教育对幼儿的一种高压状态，一旦幼儿达不到家长的要求，家长便失望、埋怨甚至打骂，影响家庭和谐。因此，家长应实事求是地调整对幼儿的期望，为幼儿的幸福成长着想。

三、工作目标

1. 向家长科普家庭氛围对幼儿的重要影响。
2. 通过指导，帮助家长树立正确的教育观念，并能够通过不断学习提高家庭教育能力。

四、工作措施

（一）向家长科普家庭氛围对幼儿的重要影响

1.影响幼儿的情绪及个性

家庭氛围是以家庭内的情绪、气氛为核心的。其中，家长的情绪情感对家庭氛围的形成起着关键作用，奠定了幼儿情感生活的基础。家长感情不合，或家庭成员之间吵吵闹闹，甚至把不满发泄在幼儿身上，幼儿的情绪会表现为以负面情绪为主，缺乏自信，容易产生挫折感、不安全感，行为冲动，长期下去，十分不利于幼儿的心理健康成长。

2.影响幼儿的智力和品德发展

"家长是幼儿的第一任老师"，良好的家庭氛围有利于幼儿智力的开发，因为幼儿在这样的环境下有更多自主权，更愿意积极动脑思考。在"和睦"的心理氛围中，幼儿的智力和品德发展要比长期处在"高压""紧张"的环境氛围中好得多，尤其是对幼儿品德启蒙教育的

影响，因为家庭教育具有潜移默化的作用，家长是幼儿学习的典范，家长天天紧绷、高控，幼儿会焦虑、慌张，对幼儿良好品格的培养十分不利。尤其幼儿时期的可塑性强，幼儿和家长生活在一起，每天耳濡目染家长的一言一行，对幼儿的影响极为深刻。

和谐、民主的家庭氛围会增强家庭成员之间的心理凝聚力，成人对幼儿学习和品德的要求，也易于被接受，从而保证了家庭教育的效果。反之，在专横、紧张的家庭氛围中，家庭成员之间的关系冷淡、疏远，家长和子女之间隔着一道无形的心理屏障，家庭教育的影响力也会被削弱。

（二）密切家庭成员之间的关系，增强亲子互动

家庭成员之间的人际关系决定了家庭氛围和家庭的稳定程度。夫妻之间应相互尊重、相互理解和关心，共同承担家务劳动和教育子女的责任，维护家庭的完整性，不要在子女面前争吵、打闹，遇到矛盾时，努力寻找平和的解决方式。父母辈的家长要知道尊重长辈家长，以长辈为先，为幼儿做好示范。俗话说"有什么样的家长就有什么样的孩子"，父母作为幼儿的一面镜子，一定要以身为范，为幼儿做好榜样。总之，家庭人际关系保持和睦融洽，有助于家庭成员之间的心理相容，避免心理冲突，能使家庭成员的心理健康水平不断提高，幼儿在这样的家庭氛围下也能快乐成长。

随着现代社会工作和生活的节奏加快，许多家长忙于工作，亲子之间缺乏了解和沟通，容易形成心理上的相互隔阂。亲子之间要经常沟通交流，缩短心理距离，增加共同语言。除一般的日常接触外，家长还应有目的地和幼儿产生互动，如亲子一起进行家务劳动、遇到重大决策征求或采纳幼儿的合理建议、为幼儿选择经典阅读书目、愿意耐心倾听幼儿讲述在幼儿园的事情、帮助幼儿面对挫折克服困难或者亲子共同出游培养生活情趣来丰富精神生活，等等，多途径密切幼儿与家长的关系，增加亲子亲密度。

需要注意的是，家长不要总以为幼儿还小，什么事都不让他们过

问，应该适当让幼儿参加力所能及的家务劳动，比如让幼儿学会收拾整理自己的玩具，也可以教给幼儿一些劳动技能，并要求幼儿合理地安排学习、娱乐、劳动的关系，让幼儿管理自己，同时意识到自己是家庭中重要的一员，培养家庭责任感。

(三) 家长要做到心理位移，对子女期望适中

家长对子女的合理期望，可以使子女深刻地感受到家长的关切和信赖，有助于加深亲子之间的情感，激发子女积极向上的热情和动力。但脱离子女实际水平的过高期望，却会让子女觉得焦虑，因为他们会怕因为达不到家长的期望而让家长失望，这样的焦虑情绪不利于幼儿的健康成长。

现在的家庭对幼儿都寄予很高的期望，但往往是从家长主观愿望出发，与幼儿实际能力水平不相适应，而且往往与家长自身的教育能力和素质不相适应，表现为过多的"超越性"，造成家庭教育对幼儿的一种高压状态。还有一部分家长则是与之相反，完全不对幼儿有期待，觉得幼儿健康快乐就足够了，完全放任，也不提任何要求，导致幼儿任性、做事不讲规则。因此，家长要根据幼儿的实际情况，不断调整期望值，不要与别人家的幼儿攀比，也不要对幼儿完全放任不管，要做到心理位移，能够尊重幼儿、以幼儿发展为本，合理规划幼儿的生活与学习。

(四) 家长要不断提高自身素质，注重榜样作用

家长要注意构建学习型家庭，不断提高自身科学文化素质，提高自身家庭教育能力。如果家长家庭教育能力有限，那么家庭教育方式只能是外压式的强迫教育或者被动教育，这样不仅不能让家长对幼儿的指导产生作用，还有可能会适得其反。

家长要不断坚持学习，不断提高文化素质，不断提高科学育儿能力，当家长的家庭教育能力提高了，就能敏感地察觉到幼儿身上的问题，就能够掌握教育的分寸感，讲究指导方法，这样不仅幼儿易于接

受，还能赢得幼儿的敬重。而且，家长的学习态度和学习精神也为子女树立了良好的榜样。

学习型家庭的人际关系，是建立在平等的基础上，互相尊重、平等交谈、不武断、不强迫、对子女不搞"棍棒教育"，家庭气氛和谐。要教育好幼儿，家长必须首先提高自身素质和家庭教育的水平，做幼儿的朋友，与幼儿一同学习，一起成长。在日常生活中，家长也要注重潜移默化的影响，榜样的力量是无穷的，家长一定要以身作则。

家长也要注意不断提高心理素质，家长的心理素质影响家庭氛围的稳定，家长要正确对待工作中、家庭生活、子女成长中遇到的困难，做到情绪稳定、积极乐观、意志坚强，对家庭有责任感。如果在困难和挫折面前，家长人生态度消极，情绪多变，意志软弱，将会让家庭氛围消极不安。所以，家长要不断加强内在修炼，做一个内心强大的人。

五、工作总结

家庭教育对幼儿的身心健康发展影响深刻，家长不仅要注意转变教育观念，提高家庭教育能力，也要不断修炼自己，对幼儿各方面都能做出及时的引导和指导。家庭氛围作为影响幼儿健康发展的重要因素之一，家长要营造一个温馨、民主、平等的家庭环境，时刻关注幼儿的成长变化，注重从小培养幼儿良好的性格、积极阳光的心态，为幼儿未来的发展创造一个良好的开端。

浙江省嘉兴市海宁市许村镇中心幼儿园　蒋银波

"家庭对幼儿耐挫力的影响"指导方案

一、问题描述

家庭是幼儿接触到的第一环境,它是幼儿受教育和开始成长的第一课堂,家长在其中扮演着重要角色。3—6岁的幼儿年龄小,生活经历少,接触最密切的环境和人就是家庭和家长。幼儿在家庭中、在家长的引领下成长,家长的家庭教育方式与家庭教育态度都会对他们的心理和健康成长产生一定的影响。然而,在实际生活中,我们时常看到幼儿面对挫折时不知所措,承受能力差。我们高度重视对幼儿进行挫折教育,考虑到家长工作是幼儿园教育工作的一部分,我们对幼儿家庭进行深度调研,发现家长在家庭教育观念、家庭教育方式上普遍存在一些共性问题,需要及时改进。

二、原因分析

良好的家庭教育有助于幼儿的健康成长,相反会起到消极作用。

1. 家长的包办代替

幼儿在家庭中都是"宝贝",一来舍不得幼儿受一丁点儿的苦,二来很多家长尤其是爷爷奶奶辈的,总认为幼儿还小,就事事越俎代庖、包办代替,幼儿生活上的一切大小事情都被一手操办,家长为幼儿阻挡和承担了所有的困难。长期这样下来,使得幼儿逐渐养成了衣来伸手、饭来张口的不良习惯。幼儿认为,所有事情理所应当由家长

承担，当幼儿真正面临挫折困难时，通常就会躲避在家长的身后，没有解决问题的能力，更没有抗挫能力，有碍于幼儿的健康和谐发展。

2.家长的过度保护

家长对于幼儿的过度保护主要是源于家长的"补偿心理"，包括两个方面：一是家长对幼儿身体的保护，家长往往怕幼儿受伤而阻止幼儿去尝试做一些事情，如小班的幼儿在幼儿园完全可以自己端饭菜，而在家里家长因为害怕幼儿被烫伤就制止幼儿的这一行为。可以说，家长是间接地剥夺了幼儿自己动手的权利，阻止了幼儿有可能遇到挫折、困难的机会，从而失去了很好的锻炼机会。二是家长对幼儿心理的保护，为了让幼儿的心里充满阳光与温暖，只让幼儿看到美好的东西，这样不仅不利于幼儿抗挫能力的发展，还间接地导致幼儿是非判断能力的发展滞后。

3.家长漠视幼儿教育

有部分家长忙于工作，没有时间教育幼儿，把幼儿全权交给幼儿园就不怎么管了，一般这样的家长基本不会主动与幼儿园老师联系、交流，不去了解幼儿在幼儿园的情况，在接受老师反馈幼儿的问题时，也只是在表面上、口头上有所表示，并没有真正地重视起来。这类家长漠视幼儿在幼儿期的教育，不关注幼儿在幼儿园的发展和成长，很容易错过幼儿发展的关键期。在提高幼儿耐挫力方面，如果家长漠视这个时期对幼儿的教育，就会错过最佳时机，对幼儿耐挫力的提高和培养产生不好的影响。

4.家长过高的期待

这类家长对幼儿有过高的期待，家长的高要求会给幼儿带来一定的压力，包括心理压力。他们希望幼儿样样都做得很好，一发现幼儿有让自己不满意的地方就会加以指责，幼儿不但没有掌握相关知识与技能，还会因为自己做不好而感到挫败，压抑自己，这样不利于幼儿心理健康发展。另外就是家长的攀比心理，总希望自己的孩子在各方面都比别人强，不能接受幼儿的"输"，就不断强制性地让幼儿通过一些特殊途径让未到达适龄年龄的幼儿学习不该他们学习的东西，致使幼儿不断觉得挫败和无力。

5.家长的错误认知

在对幼儿进行挫折教育方面，家长由于缺少理论知识与专业指导，使家长在对幼儿进行挫折教育时容易陷入一定的误区，不仅没有使幼儿的耐挫能力得到提高，反而对幼儿产生了不良影响。比如有的家长实行"棍棒教育"，认为通过打骂可以使幼儿的身体和心理"吃苦"。这类家长错误地认为幼儿受到一定的刺激，可以增强孩子的坚韧、耐力等品质，完全忽略了幼儿的感受。实则不当的方法会让幼儿在心灵上留下阴影，遭受挫折与困难时采取退缩和逃避的方式，从而形成胆小、自卑、孤僻等不良性格。

三、工作目标

1.总结幼儿家庭挫折教育的现状以及缺失之处，帮助家长树立正确的教育观念。

2.通过对幼儿耐挫力低下的原因进行分析，帮助家长掌握培养幼儿自主性、独立性以及增强自信心的指导策略。

四、工作措施

我们分析了幼儿耐挫力低的原因，并形成文字材料分享给了家长，以帮助家长树立正确的教育观念，同时让家长认识到错误的家庭教育观念与方法，不仅不能够培养出积极向上的幼儿，有时还会导致幼儿出现心理问题。作为具有专业知识的幼儿园教师，我们也通过一系列措施来指导家长提高家庭教育能力，帮助家长有针对性地提高幼儿的耐挫力。

（一）注意培养幼儿的自主性、独立性

培养幼儿的自主性和独立性，有利于幼儿有自己的主见，不依赖他人，遇到问题能够积极主动地尝试解决问题。

1. 抓住关键期——"放开手"

婴儿在出生以前是依赖着母体生存的，所以天生就有一种依赖母亲的本能，当婴儿离开母体后，需要在生活中得到一定的锻炼，慢慢脱离对母亲的依赖，形成一个独立的个体。幼儿期是幼儿的独立性发展的最佳时期，即是培养幼儿独立性的关键期。如果在这个时期家长总认为幼儿还小，什么都不会做，那么逐渐地就会让幼儿产生依赖性，等到幼儿长大了，想要改正就比较困难了。

著名教育家陈鹤琴先生提出："凡儿童自己能做的，应该让他自己做。"家长应该放开手，让幼儿自己去做一些力所能及的事情，例如自己穿衣服、系鞋带、吃饭等，或者特意安排让幼儿做一些小家务。这些都是锻炼幼儿的好机会，家长一定要"放开手"，不要剥夺了幼儿锻炼的机会。幼儿自主性、独立性得到发展，在面对困难时，不至于退缩或逃避，而是能够以积极的心态面对挫折。

2. 理智施爱

家长爱子女，要理智。如果家长总是把幼儿放在"温室"里培养，那么这些"温室的花朵"将在丧失独立性的同时表现出程度比较重的刁蛮与任性，遇到问题习惯性地躲在家长身后，不具备自己解决问题的能力。家长过分的爱和关怀，也会使幼儿变得软弱，经受不住任何困难和挫折，适应环境能力差，不敢面对挑战，形成逃避的性格。家长要充分了解幼儿本身具备的特点和能力，充分考虑到他们的兴趣爱好，不能主观地用高标准、高目标去要求幼儿。应该考虑到幼儿的"最近发展区"，若是要求太高，不管幼儿怎么努力也达不到预定目标，幼儿总是体验失败，会使幼儿畏缩和胆怯，变得不自信。

（二）增强幼儿的自信心

充满自信的幼儿比不自信的幼儿更加耐挫，他们在面对挫折和困难时，因为"自信心"这个内在原动力，爆发出勇气和决心，促使他们敢于面对困难、挑战困难、战胜困难，取得成功后还能促使幼儿更加自信、更加勇敢。

1.通过外部刺激增强幼儿的自信心

鼓励、表扬、物质奖励等都属于外部刺激，家长可以适当地通过这些外部刺激来增强幼儿的自信心。对于幼儿来说，尤其是年龄越小的幼儿，他们往往越重视成年人对他们的看法。适当的鼓励、表扬或物质小奖励，可以激励幼儿敢于迎接挑战，提高自主、积极解决问题的原动力。当幼儿取得了一定的进步或者战胜了一定的困难时，如自己穿好了衣裤、上幼儿园不哭了等，家长要注意抓住这个教育时机，让幼儿感受到家长对自己的关注与认可，以不断增强他们的勇气和信心。

2.在游戏中提高幼儿的自信心

游戏是幼儿的基本活动，也是幼儿成长和发展中必不可少的重要活动形式。幼儿喜欢游戏，家长可以通过游戏这一载体让幼儿在轻松愉快的氛围中迎接挑战、体会失败与挫折，知道失败与挫折并不丢人，树立正确的价值观。幼儿在游戏中正常体验了失败与挫折后，领悟到有成功就有失败，面对挑战就不会有那么大的心理压力，而正确、积极的心态又有助于取得成功，在这样的往复中，可以不断提高幼儿的勇气与自信心，同时也有助于培养幼儿积极动脑想办法打败困难的行动力。

3.生活中客观评价幼儿

幼儿由于年龄较小，犯错是很平常的事，作为家长不能因此而给予幼儿太多的否定评价，这样会使幼儿处在很压抑的环境中，渐渐出现"我不行"的消极心理认知，从而不敢面对困难与挫折。有时候幼儿自卑，并不是幼儿不自信，而是家长的消极评价所致，家长要充分认识到这一点，生活中要能够客观地评价幼儿，让他们知道为什么会失败、失败的原因在哪里、可以怎么改正。家长一定要注意积极引导，帮助幼儿分析、总结，让孩子意识到困难和失败是可以通过自己的努力战胜的，并不可怕，从而培养幼儿分析与解决问题的能力。

五、工作总结

时代在进步，家长的教育观念也要与时俱进。家长要树立"全面发展"的教育观念，注重幼儿的全面发展，而不只是把目光集中在幼儿的学习上，而忽略了对幼儿情感、意志、独立能力等方面的培养。家长要关注家庭在幼儿耐挫力培养方面存在的问题，重视对幼儿的挫折教育，提高幼儿的耐挫力，培养他们坚强的意志和毅力，让他们在挫折中不断地成长。

四川省成都高新区和美实验幼儿园　张自霞

"提高幼儿情绪调节能力"指导方案

一、问题描述

情绪调节能力是幼儿心理健康发展的重要组成部分。幼儿的情绪调节能力不仅影响其当前的社会适应性,还会对未来的心理健康和社会功能产生深远影响。幼儿时期,孩子的情绪既充满活力又易于波动,他们正处在学习如何识别、表达并调节自己情绪的初期阶段。然而,部分家长在日常教育中往往忽视了对幼儿情绪调节能力的培养,导致幼儿在面对挫折和压力时不能有效地管理、调节情绪,进而出现情绪失控、行为失矩等情况。

二、原因分析

情绪调节能力,简而言之,就是个体在面对不同情境时,能够适当地调整自己的情绪反应,以达到适应环境、保持内心平衡的能力。对于幼儿而言,意味着学会识别自己的情绪(如快乐、悲伤、愤怒等),理解这些情绪产生的原因,并以健康的方式表达出来,进而通过语言沟通、寻求帮助或进行自我安慰等途径缓解自己的情绪反应。这一过程不仅关乎幼儿的心理健康,更是他们社会性和人格发展的重要基石。

作为幼儿成长路上的第一盏灯塔,父母拥有独特且宝贵的机会,通过日常的点点滴滴,可以培养幼儿的情绪智慧,引导他们学会认识

自己、理解他人,并在这个过程中逐渐掌握情绪的舵盘,让他们的心灵之舟能够平稳航行于生活的海洋。然而,许多家长对幼儿情绪调节的重要性认识不足,认为幼儿的情绪问题会随着年龄增长而不断调整与完善,忽视了早期情绪教育对幼儿心理健康发展的重要性。另外,家长情绪管理能力欠缺,一些家长在面对压力和挫折时,往往表现出情绪失控或不当的应对方式,这些行为会被幼儿模仿和内化。最后就是缺乏系统的情绪教育方法。家长对幼儿情绪调节的指导多为随意性和非系统性的,缺乏科学的教育方法和技巧,导致幼儿在情绪调节方面得不到有效的指导和支持。

一个充满爱、尊重与理解的家庭环境,能够让幼儿感受到安全与支持,从而更有勇气去探索自我、面对挑战。而父母作为幼儿的第一任老师,通过自身的情绪示范、耐心倾听与积极引导,可以为幼儿树立良好的情绪调节榜样,帮助他们逐步构建起自己的情绪调节机制。因此,提高幼儿的情绪调节能力,是每位家长都应重视并努力实践的课题。

三、工作目标

1.增强家长对情绪调节教育的认识。
2.提升家长自身的情绪管理能力。
3.教授家长科学的情绪教育方法。
4.帮助家长建立家庭情绪调节支持系统。

四、工作措施

(一)增强家长对情绪调节教育的认识

提高家长对情绪调节教育重要性的认识是实施情绪教育的前提。只有家长意识到情绪调节能力对幼儿心理健康发展的重要性,才能在日常生活中有意识地进行相应的教育。

1.普及情绪调节教育知识

我们通过家长讲座、亲子活动、家庭教育手册等形式,向家长普及情绪调节教育的基本知识和重要性,使家长认识到情绪调节能力对幼儿成长的重要作用。如我们会邀请心理专家或教育专家为家长开展情绪调节教育讲座,普及情绪调节教育的基本知识和重要性。又如编写和发放家庭情绪调节教育手册,提供科学的情绪教育方法和技巧,帮助家长在日常生活中进行情绪教育。

2.树立家长正确的情绪教育观念

家长的教育观念直接影响其教育行为。家长应认识到情绪教育不仅是为了应对幼儿的情绪问题,更是为了促进幼儿的整体心理健康发展。家长要改变"情绪问题会自然消失"的错误观念,认识到情绪调节能力需要在日常生活中不断培养和锻炼。

(二)提升家长自身的情绪管理能力

家长是幼儿最直接的情绪榜样,家长的情绪管理能力对幼儿的情绪调节能力有着重要影响。家长应通过自我提升和学习,增强自身的情绪管理能力。

1.提高自我情绪觉察能力

家长应学会觉察和理解自己的情绪,认识到情绪是正常的反应,并学习如何在情绪波动时保持冷静和理性。可以通过情绪日记、冥想等方式,提高自我情绪觉察能力。

2.学习有效的情绪管理策略

家长应学习和掌握一些有效的情绪管理策略,如深呼吸、放松训练、积极自我对话等,帮助自己在面对压力和挫折时保持情绪平稳。

3.寻求专业帮助

当家长感到自身情绪管理存在困难时,可以寻求专业心理咨询师的帮助,通过专业指导提高情绪管理能力,为幼儿起到良好的榜样作用。我们也会有计划地组织家长参加情绪管理培训课程,学习和掌握有效的情绪管理策略和方法,并为家长提供心理咨询服务,帮助其解

决情绪管理中的困惑和问题，提高情绪管理能力。

（三）教授家长科学的情绪教育方法

情绪教育需要科学的方法和技巧，家长应学习和掌握一些有效的情绪教育方法，帮助幼儿提高情绪调节能力。

1.创造良好的家庭情绪环境

家庭是幼儿情绪调节能力发展的重要环境，家长应努力创造一个温暖、互相支持和互相理解的家庭氛围，帮助幼儿感受到安全和被接纳，从而更好地调节情绪。在幼儿表达情绪时，给予耐心的倾听和理解；在幼儿遇到困难时，提供积极的帮助和善意的鼓励。这样的家庭环境能够促进幼儿情绪认知的健康发展。

2.帮助幼儿建立情绪认知

在幼儿成长的过程中，情绪认知是一项至关重要的能力，它不仅影响幼儿的社交互动，还对其心理健康和整体发展起着决定性作用。帮助幼儿建立情绪认知是一个系统工程，需要家长的不懈努力和持续关注。作为家长，可以通过一系列有效的方法和活动，帮助幼儿逐步建立对情绪的认知和理解。家长可以引导幼儿认识并区分基本情绪，如快乐、悲伤、生气、惊讶、害怕等。可以通过图画书、动画片或日常生活中的实例，以直观的方式展示这些情绪的表现形式和原因，让幼儿初步建立对情绪的基本认知。

3.教授幼儿情绪识别和表达

家长应教会幼儿识别和表达自己的情绪，可以通过情绪卡片、情绪日记等工具，帮助幼儿认识不同的情绪，并用语言或绘画等方式表达出来。如鼓励幼儿用简单的图画或符号，在情绪日记中记录自己每天的情绪变化。家长可以与幼儿一起回顾日记，讨论引起不同情绪的原因，以及如何处理这些情绪。这种方式不仅能帮助幼儿更好地认识自己的情绪，还能培养他们的自我反思能力。随着幼儿语言能力的发展，教给他们表达情绪的词汇变得尤为重要。家长可以通过日常生活中的小事，比如幼儿开心时说"你看起来很高兴"，伤心时说"你现在有点难过",来强化情绪词汇的使用。

4.引导幼儿积极应对情绪

家长应引导幼儿积极应对情绪,学会一些有效的情绪调节策略,如深呼吸、数数、转移注意力、拥抱等,帮助幼儿在情绪波动时保持冷静和理性。

5.通过游戏和活动培养幼儿的情绪调节能力

游戏和活动是幼儿学习和发展的重要方式,家长可以通过一些有趣的游戏和活动,帮助幼儿提高情绪调节能力。如通过游戏、情景剧、角色扮演等方式,模拟不同的情绪情境,引导幼儿学习如何应对和调节情绪。家长可以多组织一些有趣的互动型观察表情游戏,如"情绪猜猜看",通过做出不同的表情,让幼儿猜测并说出对应的情绪词汇。这样的游戏不仅能增加亲子互动,还能让幼儿在轻松愉快的氛围中学习识别和理解他人的情绪。通过角色扮演或情境模拟让幼儿体验不同情境下的情绪,可以让孩子感受到与朋友分享玩具的快乐、失去心爱玩具的悲伤、遇到难题时的气愤等。在模拟过程中,引导幼儿表达自己的情绪,并讨论如何以适当的方式应对这些情绪。

6.及时反馈和鼓励

家长应及时反馈和鼓励幼儿的情绪调节行为,帮助幼儿建立自信心,获得成就感。可以通过语言表扬、拥抱、奖励等方式,增强幼儿的情绪调节能力。如当幼儿完成一项任务时及时给予肯定和鼓励,让他们感受到成就感和快乐。

(四)建立家庭情绪调节支持系统

家庭情绪调节支持系统是帮助幼儿提高情绪调节能力的重要保障,家长应努力建立一个有效的支持系统。

1.家庭成员共同参与

情绪教育不仅仅是父母的责任,家庭中的每一个成员都应参与其中。家长可以通过家庭会议、亲子活动等形式,促进家庭成员之间的情感交流和理解,共同营造一个互相支持和互相理解的家庭环境。

2. 与学校和社会资源合作

家长应积极与学校和社会资源合作，寻求专业的情绪教育支持。可以通过与老师、心理咨询师等专业人士的沟通和合作，共同促进幼儿情绪调节能力的发展。

3. 建立情绪调节资源库

家长可以为家庭建立一个情绪调节资源库，收集一些关于情绪调节的书籍、工具和活动材料，方便在日常生活中使用和参考。

五、工作总结

情绪调节能力是幼儿心理健康发展的重要组成部分，家长在家庭中对幼儿情绪调节能力的培养具有重要作用。通过提高家长对情绪调节教育重要性的认识，提升家长自身的情绪管理能力；帮助家长掌握科学的情绪教育方法，建立家庭情绪调节支持系统，有效促进幼儿情绪调节能力的发展。家长也应在日常生活中不断实践和探索，帮助幼儿提高情绪调节能力，促进其身心健康和全面发展。

广东省深圳市南山区南方科技大学附属幼儿园　周丽婷

"提高幼儿生活自理能力"指导方案

一、问题描述

小班幼儿经过一个学期的适应，已经能较好地融入集体生活，自理能力也有了一定程度的提高，比如活动结束后收拾材料、午睡后自己穿衣服、喝完牛奶自己洗杯子、饭后自己收拾碗和勺子……但是另一方面，一些家长认为幼儿还小，在家很多事情要亲力亲为、包办代替，缺乏放手让幼儿独立成长的意识，既影响了幼儿园的教育效果，又阻碍了幼儿的发展。

二、原因分析

许多家长认为饮食、穿脱衣物等生活技能是不需要学习的，他们相信幼儿会自然成长，没有必要刻意培养。家长习惯于为幼儿做事情，尤其是祖辈家长（爷爷奶奶等），使得幼儿也习惯于接受成人的帮助。小班的幼儿年龄小，肌肉发育不全，自控能力差，手眼协调能力不足。为了节省时间，避免麻烦，家长常常会代替幼儿做事。实际上，培养幼儿生活的自理能力，有利于他们的责任感、自信心以及处理问题能力的发展，也能有效促进幼儿精细动作发展和大脑的发育，还有助于幼儿养成健康的生活方式，会对幼儿今后的生活产生深远的影响。

另外，有些家长过度关注智力教育，忽视了对幼儿自理能力的培

养。他们认为穿脱衣服、吃饭、喝水等是生活中的小事，孩子还小，随着年龄的增长，幼儿自然会具备生活自理能力。当幼儿被家长过度剥夺了为自己做事的机会时，依赖心理就会逐渐发展，长此以往就会导致他们失去做力所能及事情的动力。

还有一点不容忽视，就是隔代家长的过度溺爱。很多年轻的父母忙于工作，大多数幼儿是由隔代的长辈来照顾的。他们觉得只要幼儿身体健康，就一切都好，于是一味地溺爱，让幼儿缺失动手做事的机会。

三、工作目标

1.转变家长的教育理念，与幼儿园教育目标一致。
2.引导家长学会运用绘本提高幼儿自理能力。
3.指导家长掌握多途径的家庭教育方法。

四、工作措施

著名教育家陈鹤琴先生提出"凡是幼儿自己能做的，应当让他自己做"，《3—6岁儿童学习与发展指南》健康领域中对幼儿在生活习惯和生活能力方面也专门提出了"小班幼儿要具有基本的生活自理能力"的要求。作为教师，要及时抓住幼儿发展的关键期，指导家长转变育儿观念，充分相信幼儿的能力，科学育儿，提高家庭教育能力。

（一）邀请家长来园了解幼儿园的课程设置

《幼儿园教育指导纲要（试行）》提到：3—4岁幼儿要学习洗手、擦鼻子、使用自己的毛巾手帕，能够配合剪指甲。要学习如何整理玩过的玩具、材料和日常用品，知道如何将用过的物品放在指定的地方；要能够正确使用勺子吃饭，并确保吃起来不浪费食物；知道口渴的时候该喝水补充水分；可以独立入睡；可以穿脱简单的衣服和鞋子；等等。

家庭作为幼儿园的重要合作伙伴，家庭教育与幼儿园教育的作用同等重要，甚至家庭教育对幼儿的影响更加直接与深刻，因为家庭是幼儿从小生长、生活的居住场所，对幼儿各个方面都有潜移默化的影响。

幼儿园作为专业的育人机构，要及时向家长宣传科学的育儿理念，或者邀请家长来园了解幼儿园在培养幼儿自理能力方面的课程设置，让家长直观感受幼儿园对培养幼儿自理能力的重视，从而影响家长的教育理念。如绘本作为幼儿最喜爱的读物，图文并茂非常适合幼儿阅读，而利用生活主题绘本来提升幼儿的自理能力，是非常有效的方法。因为生活主题绘本是通过剧情讲述健康生活方式的，可以帮助幼儿了解生活常识，增强自我服务意识，提高生活自理能力。抓住这一点，我们根据小班幼儿的年龄特点，选择面向生活主题的绘本，开发设计出了小班生活主题绘本教学计划（见下表），并展示给家长们，家长看到我们的用心，对我们的课程设置很认可，同时也对他们的教育理念产生了影响。

生活主题绘本教学计划

绘本维度	绘本名称	绘本介绍	目标设置
盥洗类	《我去刷牙》	故事讲述了小老鼠、小猪和小河马三个好朋友在享用午餐后是如何认真刷牙的。	1.让幼儿知道刷牙的步骤。2.培养幼儿刷牙的意识。
	《根本不脏嘛》	故事中将不洗手或不知道洗手重要性的孩子和洗手的孩子进行了对比，让幼儿对洗手的重要性有了直观的认知。	1.了解细菌在手上产生的过程以及危害。2.知道如何正确洗手。

(续表)

绘本维度	绘本名称	绘本介绍	目标设置
睡眠类	《吃掉黑暗的怪兽》	通过故事让幼儿明白人类和很多动物离不开黑夜。	培养幼儿能够安静地独立入睡。
	《我不要睡觉》	与故事中的小俊一起体验睡觉的好处。	初步了解整理床铺的方法。
如厕类	《我要拉粑粑》	这是一本神奇的立体书,内容文字大而简洁,局部采用折叠方式,幼儿可边看边做游戏边学习知识。	引导幼儿知道关于粑粑的一些基本常识。
	《卡米尿裤子了》	小卡米尿裤子了,跟着小卡米一起成长。	引导幼儿正确表达大小便的意愿,不憋尿。
进餐类	《汉堡男孩》	这是一个让幼儿学习不挑食的故事。	引导幼儿知道不挑食对身体有益处。
	《弗朗西斯和面包抹果酱》	帮助偏食的幼儿改掉坏习惯,吃得健健康康。	1.使幼儿了解筷子的使用方式。 2.能够不挑食。
着装类	《穿衣服》	这个小故事让幼儿在娱乐中练习独立穿衣服,让幼儿养成独立穿脱衣服的好习惯。	幼儿初步练习自己穿脱衣服。
	《脱不掉的衣服》	帮助幼儿学习冷热与穿脱衣物的关系。	使幼儿初步懂得身体的冷热与穿脱衣物的关系。

为了更好地与家长进行同步教育，教师要利用学期家访、学期家长会和家长群等线上见面、线下聊天分享等方式，为家长普及关于幼儿自理能力方面的育儿知识。

（二）指导家长掌握多途径的家庭教育方法

1. 创造有利的环境条件

家长要在家庭环境中为培养幼儿的自理能力创造有利的环境条件，必须以幼儿为中心，适应他们的需求，为他们创造适宜的空间。如家长可以为幼儿提供纸箱、收纳箱和抽屉等，用来分类和存放他们的玩具、绘本或日常生活用品等。使幼儿能够充分发挥其主动性，在适当的空间独立完成收拾整理的任务。

2. 相信幼儿的能力

幼儿学会照顾自己需要一个过程，在这个过程中，家长可以从幼儿身边最简单的事情着手。随着幼儿的慢慢成长，他们可能在一定程度上独立完成某些事，家长绝不能再追着幼儿包办代替、盲目宠溺，剥夺他们独立做事的权利，一定要相信幼儿是有能力独立做事的。

3—4岁的幼儿也可以开始学习刷牙，幼儿的牙齿接触辅食后会留下食物残渣，容易引起口腔疾病和牙齿损伤，家长应该教会幼儿养成饭后漱口的良好习惯。幼儿年龄小，家长可以为他们准备一把柔软的牙刷，并教他们如何正确地刷牙。起初，家长可以不允许幼儿使用牙膏，等幼儿掌握了刷牙技巧后再逐渐提高要求。

3. 结合生活日常，巧用游戏

培养幼儿的生活自理能力，家长可以结合生活日常，利用生活中的所有契机，如洗手、擦鼻涕、擦屁股等，鼓励幼儿大胆尝试。还可以通过简单的儿歌、韵律，帮助幼儿理解儿歌内容，掌握简单的操作方式，逐渐锻炼和提高他们的自理能力。

游戏作为幼儿最佳的学习方式，家长一定要充分利用，比如让幼儿使用勺子舀豆子，培养他们使用勺子的能力；或者与幼儿一起玩过家家游戏，通过角色扮演这样的家庭游戏，让幼儿体验各个角色的不

易，明白每个人都要尽一些家庭义务，彼此照顾，既培养了幼儿的家庭责任感，又锻炼了生活技能，还发展了其社会性。

4.鼓励幼儿自己的事情自己做

在家里应鼓励幼儿尽其所能，自己的事情自己做，同时还要注意培养他们乐于帮助他人的意识。对于幼儿的点滴进步，家长要及时给予认可和鼓励。例如，幼儿学会自己整理玩具并按照标记将玩具送回指定位置，这时家长应对幼儿的行为表示肯定，让幼儿在实践中体验成功的喜悦，增强他们的自信心。需要注意的是，鼓励不能仅限于"你很棒"，应包括幼儿所做的事情，赞扬他们的进步，同时家长应认真检查、监督和评价他们的任务成果，在培养幼儿毅力的同时，让幼儿养成认真负责的好习惯。

5.参加家庭劳动

家长也可以根据幼儿的年龄特点提供一些劳动活动，设置幼儿每天要做的打卡任务，让幼儿坚持完成，长此以往对于培养幼儿的劳动习惯有益，也能很好地培养幼儿的自理能力。同时也让幼儿明白家务不是一个人的责任，而是整个家庭的责任。每位家庭成员都必须尽可能多地做出贡献，不仅要积极完成自己的任务，而且要互相帮助、互相分担彼此的任务。在这样的氛围中，幼儿会更愿意付诸行动，也会更具备责任感。

五、工作总结

俗话说"不自理，难自立"，自我服务是幼儿必须具备的一项基本生活技能，包括照顾自己、服务自己和实现基本生存功能。更具体地说，是指幼儿可以自己使用勺子或者筷子吃饭，饭后知道收拾碗筷；可以用正确的方式和方法在饭前和饭后积极洗手和漱口；解便后积极主动冲厕所；能够穿脱自己的衣服、鞋子及安静的午休；等等。在培养幼儿养成良好生活习惯的过程中，可以提高他们的自理能力，让幼儿体验自我行为的乐趣，也有助于提高幼儿的独立性、自信心和社会责任感。

  幼儿自理能力的培养是幼儿园工作的重要组成部分，也是家庭的重要责任，家长一定要转变自己的教育观念，提高自己的认知，掌握一定的家庭教育技巧，协同幼儿园教育，共同促进幼儿的独立意识和自理能力的发展。需要注意的是，家长在实施家庭教育的过程中，要尊重幼儿的个体差异，提供基于幼儿个性的教育。家长不能一味地对自理能力强的幼儿寄予厚望，并提出高要求。家长提出的要求要适当，适合幼儿的年龄特点；对于自理能力较弱的幼儿，应在一定程度上降低标准，不能强迫他们，鼓励能力较弱的幼儿独立完成某些任务。

四川省成都市第二十六幼儿园　刘佳

"提升家长科学育儿能力"指导方案

一、问题描述

家庭教育是幼儿成长成才的重要因素，良好的家庭教育影响人的一生。古语"三岁看大，七岁看老"也说明了家庭教育对于人的一生非常重要。每个幼儿都是一颗等待破土而出的种子，家长要给幼儿提供肥沃的土地，悉心浇灌，并根据幼儿的特点选择适合的培养方式，静待花开。幼儿园为了落实对家庭的教育指导工作，做了一系列关于家庭教育的宣传与培训，家长逐渐认识到家庭教育的重要性。然而，随着家庭教育指导工作的深入开展，家长在家庭教育中的教育方法逐渐暴露出很多问题。经过精心梳理，我们发现这些问题主要集中在幼儿挑食偏食、"两面派"、在家乱发脾气、专注力差、对学习不感兴趣等方面，为确保幼儿健康、全面发展，以上问题需要尽快得到解决。

二、原因分析

家庭是幼儿成长的最初环境，父母是幼儿的第一任老师。随着我们家庭教育指导工作的开展，家长们虽然认识到了家庭教育的重要性，但是并没有掌握具体的指导方法，对幼儿在家的一些行为表现，无法给出具体的指导。基于此，一方面需要家长主动学习自我提升；另一方面，幼儿园对家长做出具体的指导，教授给家长一定的便于在家科学实施的家庭教育方法。

三、工作目标

1. 根据家长迫切需要解决的问题，给予有针对性的指导，帮助家长提升育儿能力。

2. 通过学习指导策略，加深家长的科学育儿观和家庭教育观。

四、工作措施

针对幼儿挑食偏食、"两面派"、在家乱发脾气、专注力差、对学习不感兴趣等亟须解决的问题，我们做出以下指导：

（一）对幼儿挑食偏食的指导

1. 故事法

家长可以在幼儿进餐前，利用讲故事的方法，调动幼儿的食欲，让幼儿知道故事中讲述的食物的营养价值以及对身体的益处。

2. 顺序加餐法

家长可以根据幼儿的喜好，把幼儿爱吃的一类食物先留出来，让幼儿先把不太喜欢吃的部分吃完，然后及时给予鼓励或者提示后面是幼儿爱吃的饭菜，这样，会大大改善幼儿不良的饮食习惯，剩饭现象也会大大减少。

3. 食谱调整法

幼儿园食谱的制定讲究营养搭配，相对科学、合理，家长可以参照幼儿园的食谱表，在家为幼儿也制定一份健康、科学的家庭食谱，让幼儿在家也能吃到营养又可口的饭菜。

4. 教养改变法

有时候幼儿挑食是受了家长影响，比如家长本身就挑食，或者默认幼儿挑食，这是由家长的固有观念导致的。而且一般情况下，家长不爱吃什么幼儿就不爱吃什么。一方面，家长不爱吃的东西，也不会给幼儿做，所以幼儿根本就看不到或接触不到这种食物；另一方面，幼儿和家长一起进餐，家长看到自己不爱吃的东西时，会不自觉地把

自己的主观意识传递给幼儿，使幼儿对这种食物产生排斥心理，甚至拒绝食用。所以，家长一定要转变固有的观念，改变教养方法。家长可以和教师多交流纠正挑食、偏食的方法，运用正确的教养方法来改善幼儿挑食、偏食的坏习惯。

需要注意的是，如果使用了所有方法，幼儿还是挑食偏食，不建议强迫幼儿硬吃，比如威胁；也不建议追着幼儿喂食。前者容易让幼儿对食物产生恐慌心理，后者不利于幼儿良好习惯的养成。

（二）对幼儿"两面派"的指导

幼儿在家和在幼儿园的"两面派"行为是很正常的，家长应以平常心来对待。对于幼儿来说，家是他们可以撒娇、任性、霸道的地方；而在幼儿园有教师、有小朋友、有秩序、有约束，或多或少的有些不自由。这就需要家长注意在家要约束自己的行为，处处给幼儿做榜样，要求幼儿做到的自己首先做到。不要以为幼儿小不懂事，家长就可以说话不算数，幼儿在家庭环境的熏陶下是会有样学样的。要淡化幼儿的"两面派"行为，除了家长要以身作则，家庭成员间也要统一教育方式，家庭成员间教育方式不统一的话也容易导致幼儿的"两面派"行为。

当然，家长也要在家为幼儿定规矩，考虑到幼儿园与家庭结构的不同，我们建议家长从以下方面为幼儿立规矩：

1.建立生活规律

家长要根据幼儿的年龄制定一份作息时间表，科学合理地安排幼儿一天的生活，起床、睡觉、吃饭、学习、户外活动都应有一个相对固定的时间。作息时间一旦确定就要严格执行，长期坚持，不要因为家里来了客人或大人有活动就随意扰乱幼儿的生活规律。当然，特殊情况下，比如节日、生日时，可以允许幼儿自由一些，但事先必须申明原因和具体要求，让幼儿明白这是特殊缘故，不至于在平日也提出破坏常规的要求。

2. 制定行为准则

家长可将良好的行为举止制定成必须遵守的行为准则，让幼儿通过反复执行内化成一种自然而然的习惯性行为。例如：吃饭之前要洗手；吃饭时要坐在固定的位置，不许乱跑或边吃边玩；喜欢的菜不能拉到自己面前；每次要吃完自己的一份饭菜，吃完后把碗筷、椅子放好；玩具、看过的书要及时整理归位；未经允许不能乱动他人的东西；要教会幼儿识别家里的电源插座、危险物品，并禁止接触。家中来客要懂礼貌，大人说话不插嘴，客人面前不哭闹，乐意把玩具、食品拿出来与小客人分享；做游戏、下棋要遵守规则，不能因为怕输而耍赖。

3. 提出劳动要求

劳动不仅能使幼儿增长知识、锻炼意志、增强责任心，而且可以培养幼儿做事有始有终、尊重他人劳动等良好品质。幼儿劳动应从自我服务开始，家长要从小要求幼儿自己的事情自己做。一般来说，3岁学会用匙吃饭、穿脱袜子、收拾玩具；4岁学会刷牙洗脸、穿脱衣裤、系鞋带；5岁学会用筷子吃饭、整理自己的抽屉。另外，可视幼儿的年龄大小规定他参加一些力所能及的家务劳动，例如3—4岁的幼儿可以分筷子、端饭；5—6岁的幼儿可以叠衣服、叠被子、买小商品等。

需要注意的是，幼儿乐意做事，而且非常负责，但由于能力和经验的不足，常常会好心办坏事。因此，培养幼儿劳动不能操之过急，要有耐心，多指导，多鼓励，千万别说"帮倒忙""越帮越忙"之类的话打击幼儿的自信心。

（三）对幼儿乱发脾气的指导

首先家长应该观察幼儿在什么情况下容易乱发脾气，有些时候发脾气也是有原因的，比如幼儿在困乏的时候就会发脾气，这个是可以理解的。所以，幼儿发脾气的时候需要先对发脾气的原因进行一个判断，如果幼儿不分理由地发脾气，家长要先控制好自己的情绪，同时

也不能急急忙忙向幼儿妥协，不然会被幼儿拿捏。家长要让幼儿知道乱发脾气是解决不了问题的，要引导幼儿表达自己的情绪，大家一起解决问题。这样能够有效帮助幼儿学会自我控制，逐渐克服乱发脾气的坏习惯。

当幼儿出现乱发脾气的行为时，家长可以利用当时的周围环境，设法转移幼儿的注意力，让幼儿被一些新鲜事物吸引。或者注意让幼儿在日常生活中参加可以"磨性子"的活动，如让幼儿和家长一起剥毛豆、择韭菜，在诸如此类的家务劳动过程中可以培养幼儿的耐心和毅力。

更为重要的是，家长应有意识地加强自身的人格修养，在日常生活中能够心平气和地处理事情，特别是当着幼儿的面更需心境平和、处事大度，为幼儿提供一个和谐、稳定的家庭氛围，让幼儿在健康的家庭氛围中逐步受到陶冶。

（四）对幼儿专注力的指导

兴趣是产生和保持专注力的有力条件，家长要善于观察，发现幼儿感兴趣的事物，幼儿对于感兴趣的事，更愿意专注地投入其中，这对培养幼儿的专注力有益。

家长在家也可以陪幼儿做一些有助于培养专注力的游戏，比如拼图、迷宫、找不同等，并尽可能多地对其进行及时的强化（每天都要进行），还可以适当作出评价，如这样对幼儿说："这个拼图拼得真不错，而且你是一次拼完的，很棒哦。"

家长还要注意减少幼儿接触"三电"的时间，所谓"三电"，就是"电脑、电视和电子游戏"。有相关研究指出，如果3岁之前的幼儿看电视时间过长，那么到了7岁时就容易出现无法专心的问题。因为"三电"产品都属于丰富而生动的多媒体工具，变化节奏很快，当幼儿习惯了既快速又强烈的声光刺激之后，自然就难以对静态的事物产生兴趣。

由于幼儿的记忆力是有限的，常常丢三落四，家长在安排幼儿做事时，不要让幼儿同时完成很多事，那样反而容易造成幼儿的内在混乱。不如一次只要求幼儿完成一件事，这样既可以让幼儿专注地做这件事，还能培养幼儿做事有始有终的好习惯。

幼儿专注力的培养和发展需要自由的心理空间和充足的时间，不合时宜的指导、支持和帮助会适得其反，成为"干扰"因素，阻碍幼儿专注力的形成与发展。因此，培养幼儿的专注力，需要家长站在幼儿的角度，懂得幼儿的心理，理解幼儿的需要，尊重幼儿的发展速度与程度，给予幼儿真正需要的——既能满足其当下发展的需要，又能为其长远发展提供足够的关心、支持和爱护。

（五）对培养幼儿学习兴趣的指导

首先，家长要注意自身对幼儿学习这件事的看法与态度，很多时候家长不正当的态度会影响幼儿的学习兴趣。如让幼儿画画，本意是培养幼儿绘画的兴趣，可当看到幼儿把房子画成别的图案时，有些家长就会对幼儿提出批评或者责怪幼儿画得不好，这种态度不仅会摧毁幼儿的求知欲，还会打击孩子的学习兴趣，甚至伤害到幼儿的自尊心。

其次，家长要善于发现幼儿的兴趣，然后依据幼儿的兴趣引导幼儿进行探索与学习，如幼儿对车辆感兴趣，就可以以游戏的形式让幼儿认知车辆的分类和感知车辆的构造等。兴趣也是可以培养的，家长要为幼儿多提供接触人、事、物的机会。家长要多带幼儿到大自然中去，或者扩大幼儿的活动领地，让幼儿多看、多听、多实践，使幼儿在探索中有所发现、有所获得，这种体验会提高幼儿的学习兴趣。

然后，就是家长要注重亲子阅读。亲子阅读，不仅可以有效培养幼儿的阅读习惯、提高幼儿的阅读能力，还能够让幼儿在阅读的过程中学习知识与技能，再加上幼儿图书图文并茂深受幼儿喜爱，对幼儿学习习惯的培养也是大有益处的。亲子阅读后，可以让幼儿讲述故事，在幼儿讲述时，家长尽量不要打断幼儿，如果幼儿讲不下去时，

家长可以用追问的方式进行引导，有助于培养幼儿的思维能力。

五、工作总结

通过以上工作措施，在家庭教育中，无论是家长的育儿能力，还是幼儿成长等各方面都有了明显进步，如有些幼儿挑食偏食的情况有了明显好转，有些幼儿不再遇事乱发脾气等。同时，在开展家庭教育中，家长的有效陪伴使亲子之间的关系更加融洽，让孩子深切感受到了陪伴的力量。我们相信家长会不断提升家庭教育的质量，给幼儿一个快乐充实的童年。

河北省石家庄市直机关第一幼儿园 赵丽 周璇

"家庭中有效运用心理学效应"指导方案

一、问题描述

家庭教育对幼儿的成长和发展起着至关重要的作用，具有深远的影响，是幼儿成长过程中的重要组成部分。然而，在家庭教育实践过程中，家长常常会遇到各种挑战，如家长在教育幼儿时，不能很好地把握幼儿的心理发展规律；又如家长知道自己的言行举止、对待事物的态度以及对幼儿的教育方法，都会影响幼儿的自我认知和行为模式，但却不能很好地、灵活地运用与实施。种种挑战考验着家长，面对这些挑战，家长们普遍感觉压力很大。

二、原因分析

家长面对幼儿不知道如何科学施教，一方面反映了对幼儿身心发展规律的不了解，另一方面是因为没有掌握科学的教育方法，家庭教育能力有待进一步提升。其实，家长可以学习一些对幼儿有积极影响的心理学知识，我们也在做《家庭教育中心理学效应的运用》的课题研究，卓有成效。如在家庭教育中，南风效应、罗森塔尔效应和霍桑效应都强调了家长在幼儿成长过程中的重要作用，家长既是幼儿的生活保障和情感依靠，又是幼儿的启蒙老师，对幼儿的价值观、行为习惯和人格形成都有着深远的影响。基于对心理学效应在家庭教育中积极影响的认知，我们制定了一系列措施来指导家长提高家庭教育能力。

三、工作目标

1.分析心理学效应对家庭教育的积极影响，提高家长的认知，帮助家长建立新的学习经验。

2.引导家长认可心理学效应对幼儿的成长和发展有利，积极学习心理学效应在家庭教育中的应用方法，能够学以致用，优化家庭教育环境，促进幼儿健康成长。

四、工作措施

（一）心理学效应在家庭教育中的运用思路

1.罗森塔尔效应

罗森塔尔效应也称为皮格马利翁效应（期望效应），指的是当人们被赋予高度的期望时，他们更有可能达到或超越这些期望。在家庭教育中，它强调正面的期待和关注对幼儿成长的重要性。当成人对幼儿抱有积极的期望，并通过言传身教、表情达意的方式传递给幼儿时，幼儿就会受到启发，从而有了更好的学习表现和为人处事的能力，也就有了积极向上的动力。所以，在家庭教育中，家长的期望和鼓励对幼儿成长的促进作用是巨大的。

2.南风效应

南风效应又称温暖法则，它强调在教育中，温和、关怀和鼓励的方法往往比严厉和惩罚的方法更有效。在家庭教育中，当家长以温暖、和善、尊重的方式对待幼儿时，幼儿会更愿意听从家长的话，也更愿意接受家长的引导和教育。这样做不仅对解决问题有好处，对稳固亲子关系也有帮助。

3.霍桑效应

霍桑效应告诉我们，当人们意识到自己正在被关注或被观察时，人们可能会改变自己的行为或表现，家长的关注和反馈能激发幼儿在家庭教育中的学习热情。当幼儿受到家长的关注时，他们的学习效率会大大提高，有助于激发幼儿学习的动力，让幼儿在学习过程中保持积极向上的心态和自信心。

4.超限效应

超限效应是指当刺激超过一定限度时，人可能会产生逆反应。在家庭教育中，这意味着如果家长给予幼儿过多的压力、期望或限制，过度的刺激或压力可能会导致相反的效果。例如：过多的批评或要求可能会导致幼儿的反抗或逃避。因此，家长要了解幼儿的承受能力，并适度调整对幼儿的期望和要求，避免过度压迫幼儿，好让幼儿有足够的自由度和空间来发展自己的潜力和才能。

5.德西效应

德西效应指出，个人内在动机可能因外在奖励过多而受到削弱。在幼儿成长的过程中，如果家长过度依赖通过物质奖励来激励幼儿学习或做家务等，幼儿可能会逐渐失去对任务本身的兴趣，他们可能会变得只关注奖励，而不是出于内在的兴趣和动力去学习或做事。这可能会造成幼儿自主性不强，探索精神不强，也不利于幼儿的长远发展。

6.木桶效应

木桶效应也叫短板效应，是指在最短的木板上，木桶可以装多少水。它表示一个系统的性能往往由最弱的部分决定，强调整体性能由最弱的部分决定。在幼儿的成长过程中，这意味着如果幼儿在某个领域存在明显的短板，如社交或运动能力、情绪管理或特定学科的学习能力等，这可能会限制他们在其他领域的整体表现，家长要关注幼儿的全面发展，帮助他们提升较弱的部分，以促进整体成长。

7.增减效应

增减效应指出，失去的东西往往比得不到的东西的价值评价要高。在幼儿成长过程中，这可能会影响他们对物质或情感支持的需求和满足感。例如，如果幼儿在成长过程中失去了重要的东西，他们可能会更加珍惜现有的关系和支持系统。

8.贴标签效应

贴标签效应,说明人们办事往往是按别人给的标签去做的。在幼儿教育中,如果给幼儿贴上"聪明""淘气""好吃懒做""好动"之类的标签,对幼儿的自我认知和行为模式都可能产生影响,使幼儿形成固定思维或行为模式,不利于他们的成长和发展。因此,在家庭教育中,家长要避免给幼儿贴标签,应该鼓励他们发展多元化的特质和能力。

9.登门槛效应

登门槛效应表明,如果人们接受了一个较小的要求,那么接受一个较大的要求时会比较容易。这可能会影响幼儿在成长过程中的决策和行为。例如:首先要求幼儿完成一项简单的任务,然后再逐步要求幼儿完成比较复杂的任务,这样循序渐进幼儿比较容易接受。家长可以巧妙地利用这一效应,逐步引导幼儿接受更大的挑战和任务。但需要注意的是,不要过度利用这一效应,以免给幼儿带来过大的压力或期望。

10.破窗效应

破窗效应指出,环境中的不良现象如果被忽视或得不到及时纠正,会引发更多的不良行为。在家庭教育中,如果家长对幼儿的不良行为视而不见,或者放任自流、迁就不管,就有可能导致幼儿变得任性、叛逆,甚至出现破坏行为。

11.潘多拉效应

潘多拉效应也称禁果效应,这是一种逆反心理现象,指的是当某些行为或信息被禁止时,反而会引起人们更强烈的好奇心和违反的欲望。在家庭教育中,过分的限制或命令,可能会使幼儿产生逆反心理,家长应当适度地给予幼儿自由,避免过分严厉的限制。

(二)心理学效应在家庭教育中的运用方法

1.建立积极的期望

家长应根据幼儿的实际情况和潜力,了解幼儿近期的发展区域,利用罗森塔尔效应，给幼儿设定合理的、可实现的期望，过高的期望可能使幼儿受挫，过低的期望则可能使幼儿成长受限，家长应根据幼儿的实际情况和潜力制定合理的、可实现的期望。利用正向强化帮助幼儿逐步向期望值靠近，并适当使用奖励来增强幼儿的正面行为。当幼儿做出期望的行为时，给予及时的积极反馈，如表扬、微笑或者小奖励，以加强这一行为的发生频率。家长通过鼓励和支持，可以帮助幼儿树立信心，相信自己能够完成复杂的任务。为增强幼儿的自我效能，家长要有鼓励幼儿尝试新事物、学习新事物的意识。

2. 加强情感连接

家长要注意和幼儿的情感沟通，把注意力放在幼儿的情感需要上，把稳定的亲子关系建立起来。注意培养幼儿学会情感调节，引导幼儿识别和表达自己的情绪，并提供策略帮助幼儿管理压力和情绪波动，如深呼吸、倒数冷静、找最信赖的人拥抱等技巧。同时也要鼓励幼儿参与团体活动，比如团队运动或社区服务，帮助幼儿建立起社会认同感和归属感，有助于幼儿形成健全的人格和良好的心理素质。

3. 优化家庭环境

家长要给幼儿创造一个和谐整洁、秩序井然的家庭环境，对幼儿自律能力的培养、良好行为习惯的养成都有很大的促进作用。要注意避免在家庭中表现出消极情绪，因为消极情绪可能会对家庭成员关系造成消极影响，也会对家庭整体氛围造成不良影响。更不要给幼儿贴上消极的标签，这可能会导致他们内化这些负面形象，影响自尊和行为；也要注意树家风立规矩，制定规则确保规则明确，并坚持公平执行；帮助家人更好地理解和遵守家规，不断提高自己综合素质的同时，凝聚亲情，为幼儿营造一个温馨和谐的家庭环境。

4. 多进行亲子互动

幼儿会因早期与家长的互动产生依恋，安全依恋对幼儿稳定的人际关系和活跃的社会交往都有帮助。家长在与幼儿互动过程中，可以通过提供选择、鼓励探索和尊重幼儿的意见等途径促进幼儿自主性的

发展，这是幼儿成长为独立个体的关键因素；又可以通过讨论正义、诚信和慈善等主题，设置情景和讨论案例，引导幼儿思考道德决策，促进幼儿的道德发展；还可以让幼儿从自己的错误中学习和成长，这有助于培养幼儿的责任感和自主能力，使他们能够自行判断是非、对错，并学会为自己的行为负责。

5.始终做好幼儿的启蒙老师

（1）家长的陪伴

家长是幼儿最初的陪伴者，他们的陪伴可以给幼儿提供安全感，让幼儿感受到被爱、被接纳，有助于幼儿建立积极的自我认同感和自尊心。

（2）家长的教育

家长的言传身教会对幼儿的行为模式、价值观产生直接的影响。家长通过与幼儿的交流互动，传授知识、技能和人生经验，帮助幼儿形成正确的世界观、人生观、价值观。

（3）家长的支持

家长的支持可以激发幼儿的潜能和热情。家长的鼓励和支持，能帮助幼儿在困境中克服困难，增强自信心，提高解决问题的本领。

（4）家长的情感表达

家长的情感流露，会影响幼儿对情感的认知和处理方式。如果家长能够用温暖、和善、尊重的方式与幼儿沟通，幼儿也会学会用同样的方式去处理人际关系和情感问题。那么，家长应该如何通过温暖、和善、尊重的方式与幼儿沟通呢？

①倾听：首先，家长应该学会倾听幼儿的想法和感受。当幼儿说话时，不要急于打断或批评，而是要耐心地听他们说完，让他们感受到自己的想法和感受是被重视的。

②理解：家长要尝试站在幼儿的角度去理解他们的想法和行为，不要轻易下结论或做出评判。如果有不同的观点，可以用平和的语气提出，并给予幼儿足够的时间和空间去思考和接受。

③ 鼓励：多给予幼儿肯定和鼓励，让他们感受到自己的价值和进步。即使在批评幼儿时，也要用建设性的方式指出问题所在，并提出改进意见，而不是一味地指责或打击。

④ 尊重：家长不仅要尊重幼儿的个性、兴趣，也要尊重幼儿的隐私和个人空间，给他们一定的自由度和选择权。

⑤ 示范：家长要为幼儿树立良好的榜样，让幼儿从家长身上学到如何用温暖、和善、尊重的方式与人交往。

五、工作总结

家长的作用在幼儿的成长过程中无可替代，巧妙运用心理学效应，有助于家长为幼儿营造一个充满爱和关怀的成长环境。家长应该通过温暖、和善、尊重的方式与幼儿沟通，给予他们积极的期望和关注，激发他们的潜力和自信心，促进幼儿的身心健康和谐发展。

广东省深圳市大鹏新区葵涌中心幼儿园　张玲

幼儿园家庭教育指导方案精选30例

"微课赋能家庭教育"
指导方案

一、问题描述

家庭教育可以对幼儿的认知、情绪和行为产生深远的影响。良好的家庭教育可以培养幼儿良好的品质和价值观，增强他们的自制力和社交能力。而不良的家庭教育则会对幼儿的发展造成负面影响，导致他们出现性格扭曲、行为偏差等问题。当下，注重家庭教育的质量已成为全社会的共识，家庭作为幼儿园的重要合作伙伴，幼儿园应增强对家长提高家庭教育能力进行指导的意识，然而在实际工作中，常常因为家长时间的问题，教师在做家庭教育指导工作时不得不面临诸多不便。

二、原因分析

在开展家庭教育指导工作中遇到的诸多不便，一方面显示了家长对家庭教育的认识不足，不够重视家庭教育，从而对幼儿园方面提出的建议选择忽视；另一方面是因为年轻家长工作忙，长辈家长又普遍不重视，导致多次预约好的学习时间因为各种原因而取消。基于此，我们把目光转向策划微课上，"微课"因其学习途径便捷、可视频、动画、语音、文字结合，便于家长利用闲碎时间观看学习，又因其时间短、内容突出而容易被家长认可。经过精心策划，根据家长需求，借助多元资源，我们制作的微课资源，通过多种平台分享给家长，以期转变家长教育观念，提升家庭教育水平。

三、工作目标

"微课"主题聚焦，旨在解决家庭教育实际问题，注重趣味性、实效性，支持和引领家长树立科学的家庭教育观念，优化家庭教育方法。

四、工作措施

（一）"内容赋能"策略

1. 以家长需求为主导

"微课"课程主要对象是家长，是解决家长育儿所需，因此，内容要源于家长需求。我们会定期发放家庭教育指导需求表，获取家长所需：每学期初家长会、期中家长开放日和期末家教分享会都会开展家长调研，家长可以提出自己在育儿过程中的困惑，也可以通过班级老师的日常家园联系随时收集，满足家长日常育儿中随机生成的问题。另外，教师在日常指导家长进行家庭教育时所碰到的一些棘手问题，可能是一些普适性问题，也有可能是一些比较特殊的情况，亟须解决，汇总见下表。

类目	内容	具体涉及
认知感悟类	知识拓展	观察习惯、提问习惯、兴趣培养、各类参观……
	心理特点	3—6岁幼儿的心理水平、年龄特点等
	正面管教	正面管教的概念、方法等
	幼儿叛逆	叛逆究竟是谁的错等
行为训练类	习惯养成	阅读习惯、运动习惯、卫生习惯、动手习惯……
	技能获得	拍球技能、剪折技能、跳绳技能、生活技能……

（续表）

类目	内容	具体涉及
行为训练类	性格养成	抗挫能力、乐观情绪、延迟满足、克服胆怯……
	社会行为	感恩行为、助人行为、交往能力、亲社会能力……
沟通陪伴类	沟通艺术	批评的艺术、鼓励的艺术、提建议的艺术……
	亲子陪伴	陪伴游戏、陪伴原则、有效陪伴……
	亲子课堂	手工游戏、运动游戏、语言游戏、角色扮演游戏……
	家庭关系	祖孙关系处理、父爱教育、兄弟姐妹关系处理……

我们力争制作的微课内容能够帮助家长解决实际问题，教师在录制视频时会用专业的素养去分析问题产生的原因，给出建设性建议，实实在在帮助家长提高育儿水平。

2.以"共育"为核心

提升家庭教育品质，关键是提升家长的"教育力"。家长群体的学识、能力、价值观差异很大，缺乏系统的家长教育体系，也会对家庭教育带来影响。微课可以推送到每个家庭，不受时间限制，可以系统性推进。例如幼儿园课程及理念问题，在课程特色方面虽有家长学校授课的内容，但组织一次就需要大费周章，且每个家庭都只能派代表出席，难免出现家庭内部学习不到位、观念不统一或转达有误的情况，而"微课"可以多次观看、学习，只要有手机就可以随时学习，便于家庭成员间教育理念的统一。微课内容不局限于对父母辈家庭教育方式、方法进行指导，还可以更有针对性，比如祖辈教育、单亲家庭教育等，拓宽家园共育模式需要与时俱进，创新发展。

（二）"实践赋能"策略

1. 从"大吼大叫"到"正面管教"

如何帮助家长认识自己的养育方式，了解幼儿的学习方式以及行为背后的信念，接纳幼儿、理解幼儿的不良行为，帮助幼儿学会管理情绪、培养幼儿情绪管理能力？借助"正面管教"工具，我们建议给幼儿多一份鼓励和积极的心理暗示，做不吼不叫的智慧父母。比如，我们录制的微课"积极的情绪——暂停角"，微课开头以提问的方式展开，"当幼儿生气了、哭闹了，处于负面情绪状态时，作为家长的你会怎么应对？"这样的讲述方式更贴合家长的育儿心理，然后以家长的视角列举几种可能，诸如"你会不会被幼儿的负面情绪所影响？你是否会采取以暴制暴的方式解决问题？或者使用冷处理，最后渐变成冷暴力，导致亲子关系陷入僵局"。经过渐进式讲述，引出重点，向家长介绍什么是"积极暂停角"，如何在家创建、运用"积极暂停角"，帮助家长掌握纾解幼儿情绪的有效方法。

2. 从"一机在手"到"美好共读"

有的家长，在家没事的时候喜欢刷手机，针对这类情况，我们以经典绘本介绍、品读为微课内容，挖掘优秀的绘本素材，为家庭教育提供成长型亲子沟通的资源。例如我们录制的微课"我妈妈"，以绘本故事《我妈妈》为线索，通过简单朴实的语言、生动有趣的画面展示绘本故事，指导家长如何在读前、读中、读后引导幼儿观察和阅读，并通过一系列的提问来引发幼儿的思考，不断推进幼儿的情感发展。

3. 从"宅家神兽"到"亲子运动"

幼儿的健康发展一直是我们所关注的，为了让幼儿爱上运动，我们倡导家长跟幼儿一起进行亲子运动，为此我们录制了一系列相关的亲子活动微课，为家庭提供具体的体育活动指导，丰富亲子体育运动体验，享受亲子体育活动的快乐。如微课"神奇好玩的报纸"，将报纸"变变变"，变成好玩的运动器械，锻炼幼儿的身体，发展幼儿的

专注力、反应能力、核心力量、协调性等各种能力。在亲子运动中，我们指导家长运用"语言激励"关注幼儿游戏状态，采取"循序渐进"法调节游戏难度，并建议家长适时进行"身份互换"，改变角色，增加游戏趣味性、挑战性。这个活动不仅融入对幼儿的心理关注、生活习惯培养及创造性发展，也适宜所有家庭成员参与，进一步为保持和谐的亲子关系打下坚实的基础，全家一起伴随幼儿健康成长。

4. 从"各自忙碌"到"特别时光"

我们一直强调高质量的亲子陪伴，这并不是一句空话，我们策划了"特别时光"栏目，引领家长以成长型思维陪伴幼儿成长。例如微课"环保酵素"，引导家长与幼儿知道吃剩下的果皮、择出来的菜叶可以制成酵素和堆肥。亲子制作果皮酵素可以增强家庭的环保意识，培养幼儿的动手能力，懂得利用果皮等生活垃圾来"变废为宝"，能让幼儿学会垃圾分类以及资源循环利用，这样的实践性活动可以在幼儿幼小的心灵中"播种"环保的种子，还能有效促进亲子感情。

（三）"评价赋能"策略

1. "动态展示"评价赋能

在微课的收集、制作、推送中，每个老师应该会有很多的实践和反思；家长在学习、实践、反馈中也会有很多的心得。我们注重收集教师和家长双方的反馈，拓展出更多的平台供大家展示，这样的展示既能让大家看到幼儿学习的效果，也能给教师反馈更多的问题，从而促使老师们不断制作出更加优质、符合家长需求的微课视频，让微课发挥更大的效应，让家长受益的同时也让幼儿得到更好的发展。

2. 综合评价赋能

除了"动态展示"评价赋能，我们还针对"亲子时光""日常反思""积分打卡""微课制作"几个方面，分别面向教师和家长进行综合的评价，评价内容见下表。

"微课赋能家庭教育"指导方案

类别	面向教师	面向家长
亲子时光	剖析家庭教育视频中出现的问题或者挖掘做得好的地方。截取好的做法加以展示，也可以抛出问题引发大家思考，商讨解决问题的方法，并及时反馈给家长，便于家长及时对幼儿做出指导。	借助幼儿园平台，上传亲子陪伴、习惯养成、行为训练的点滴，可以做陈述性的文字记录，也可以抛出疑惑话题，供大家探讨。
日常反思	在家访、家长开放日等活动中观察家长和幼儿的互动，或者开展家庭教育指导故事和案例评比等。	学习小视频、小直播或参与小连线之后对家庭教育开展情况进行反思，或者分享学习之后的感想及体会等。
积分打卡	根据积分制以及观察日常幼儿行为的改变等，期末进行评比，表彰"学习型家庭""书香家庭""最美家庭"等评比项目获奖者。	借助打卡平台，践行"正面管教""父母规"等21天打卡活动，助力家长育儿素养的提升。
微课制作	开展"PBL"微课制作比赛，评出优秀微课作品。	推选出受欢迎的十佳家庭教育"PBL微课"。
备注	除以上定期需要做的工作，以下三个方面也是需要注重的方式： 1.根据需求，家长进入对应微课团队，进行不定期的线上线下分享活动，提升育儿素养。 2.通过家园电子邮箱接收育儿点滴视频，满足不同需求家长学习的要求，达到家长帮助家长的目的。 3.各班交流在收集、制作、推送中的实践经验和反思，提高家庭教育指导的能力和水平。	

五、工作总结

微课指导策略，为家庭教育的指导工作带来了便利，也带来了成效。首先，丰富了"PBL家庭教育指导微课"资源库，提升了家教指导质量。经过前期对家长需求的摸底、罗列和整合，形成了多个方面的微课视频、PPT，家长可以根据自家幼儿所需，菜单式挑选微课内容进行选择性学习，也可以家庭成员一起学习，达成共识，大大提升了家教指导质量。其次，积累了"家教微课"实施、推广经验模式，拓展了家园联系方式。在家教微课的实施和推广中，除了平时的班级群、家园平台的宣传，也在组织家长会、家长沙龙的时候有效使用微课，甚至还摸索出了小直播、小连线等不同形式的微课推进分享渠道，有效丰富拓展了家园联系的模式。最后，体现了"学教共长"的教育理念，使不同层次教师的专业成长得到了提升。教师在接收到家长对家教方面的需求后，首先经过自己的思考来设计、录制、组织微课，在制作过程中必须要查阅相当多的资料来佐证观点，不断提高自身的专业能力，然后才能高效地完成家庭教育指导工作。

浙江省海宁市实验幼儿园教育集团实验幼儿园 欧惠莉

"如何在家庭中培养幼儿的倾听习惯"指导方案

一、问题描述

教育幼儿应坚持以幼儿为本，遵循幼儿身心发展规律，让幼儿身心健康快乐地成长。倾听幼儿，才能更好地了解幼儿，才能更好地实施教育。"倾听"是幼儿最早掌握的技能，是取得外界信息的关键，是学习的基础，是一个重要的学习渠道。然而在实际的教学中，教师时常会发现幼儿在倾听方面的不足之处：有的幼儿自我约束力差，上课坐不住；有的幼儿注意力集中时间短；有的幼儿以自我为中心，听不完老师与同伴的话，急于插话；有的幼儿不听人讲话，或者听不懂，沉浸在自己的世界里……面对这些问题，幼儿园单方面的教育效果并不好，需要家园的合作与配合，尤其需要家长注意在家对幼儿进行监督与引导，家园目标一致才能更好地促进幼儿的发展。

二、原因分析

习惯不是一般的行为，而是一种定型性行为。习惯是经过反复练习而养成的语言、思维、行为等生活方式，它是人们头脑中建立起来的一系列条件反射，这种条件反射是在重复出现而且有规律的刺激下形成的，并且在大脑中建立了稳固的神经联系，只要再接触相同的刺激，就会自然地出现相同的反应，因此是条件反射长期积累、反复强化的产物。"倾听"习惯是指在学习中充分发挥听觉功能，通过思维

活动，达到好的学习效果而形成的一种学习上的自动倾向。习惯的养成，是在条件反射基础上建立动力定型的过程。这一过程，需要通过不断的学习来实现。而倾听习惯的养成，有助于幼儿各方面能力的发展。

《幼儿园教育指导纲要（试行）》中语言领域明确指出："养成幼儿注意倾听的习惯，发展幼儿语言理解能力。"良好的倾听能力是幼儿获得知识的前提，它对于发展幼儿语言、思维十分有益。幼儿园对培养幼儿倾听习惯方面有一系列的措施，但效果总是短暂有效，究其原因，主要是家长在家不重视对幼儿倾听能力的培养以及家长的消极作用。另外，当下的家庭都把孩子当作掌上明珠，幼儿在生活中由于环境影响和不当的教育方式方法，养成了以自我为中心，喜欢独来独往，更不会倾听。家庭作为幼儿园的重要合作伙伴，家长在家要积极地对幼儿实施家庭教育，要明白没有好的倾听习惯会影响幼儿今后的学习态度和质量，知道从小培养幼儿良好的倾听习惯是培养幼儿良好学习态度的重要一环。

三、工作目标

1.引导家长在家有意识地培养幼儿的倾听习惯，帮助幼儿在良好习惯的养成中体验积极的情绪情感。

2.分享幼儿倾听习惯培养中行之有效的途径、方法、形式等，提升家长对幼儿倾听习惯养成的意识，提高家长对幼儿倾听习惯养成的教育技巧。

四、工作措施

（一）学习掌握基本的家庭教育理论

1.陶行知的习惯培养及生活教育理论

陶行知先生在总结前人经验和自身实践经验的基础上指出，儿童期是人格和习惯形成的最佳时期。凡人生所需之重要习惯、倾向、态度，多半可以在6岁以前培养成功。换句话说，6岁以前是人格陶冶最重要的时期。这个时期良好习惯培养得好，对幼儿终身的发展都有益；如果没有在幼儿期培养成良好的习惯，等长大了再培养就不容易了。

陶先生还提出，习惯要在日常生活中培养。他主张对各种知识和技能的学习最好在生活中进行，习惯培养更应该如此。根据陶先生的习惯培养及生活教育理论，家长应在日常生活中注重对幼儿倾听习惯的培养，促进幼儿良好习惯的养成。

2.维果斯基"最近发展区"理论

"最近发展区"即儿童已经达到的发展水平到可能进行的发展目标之间的区域，这是教育心理学家维果斯基提出的优化教学的原则。他认为，"在最近发展区中设计教学即是最佳教学，儿童能获得最佳的发展"。家长也要注意学习并运用此理论，在目标的制定中，家长要观察分析幼儿的实际发展水平，根据幼儿的实际发展水平提出相应的教育要求，科学实施家庭教育。需要注意的是，家长要注意幼儿的个体差异，不同幼儿的发展水平是有差异的，家长要尊重并理解这些差异，切不可急于求成。因为每个幼儿都是一个独立的个体，每个幼儿的情况又各不相同。因此，在对幼儿进行倾听能力的培养中要注重个别差异，对不同幼儿提出不同要求，对能力强的幼儿提出的要求高一点，对能力弱的幼儿则相应地把要求降低一些。

（二）掌握科学实施家庭教育的技巧

习惯不是一般的行为，而是一种定型性行为。习惯是经过反复练习而养成的语言、思维、行为等生活方式。习惯的养成，需要通过不断的学习来实现。儿童年龄越小，机体可塑性越大，越容易建立动力定型。因此，使幼儿开始进入有规律的生活，并注重提早对他们进行习惯的培养是非常必要的。

《幼儿园教育指导纲要（试行）》强调学前教育应当尊重每个幼儿自身发展的特色，应该因人而异，在观察、了解每个幼儿的基础

上，促进幼儿的全面发展。基于我们在培养幼儿倾听习惯方面开展的教育实践，对家长做出以下指导：

1. 关注幼儿的兴趣

只有当倾听的内容能引起幼儿的兴趣时，幼儿才能充分调动自己的积极性，投入到倾听活动中去。由此可见，家长在家，首先要精心选择倾听的内容。应根据幼儿年龄特点的不同，为各个年龄层次的幼儿选择不同的倾听内容。其次要善于捕捉幼儿关心的热点话题。幼儿关心的问题往往是他们感兴趣的，家长要做一个有心人，善于发现幼儿关注的热点，以此展开交流，训练幼儿的倾听能力。最后在日常生活中要及时发现幼儿的点滴进步，并给予及时的肯定与积极的鼓励，让幼儿感受到自己被关注，从而调动积极性去倾听家长说了什么。

2. 创造良好的语言环境

幼儿的思维具有直观性，家长要有意识地培养幼儿倾听别人说话的习惯。为吸引幼儿安静地倾听，在与幼儿交谈时，尽可能做到语言生动、表情丰富。家长说话时要放慢速度，口型可以稍微夸张些，这样不仅能使幼儿听清讲话内容，同时能看清口型，便于幼儿模仿，引导幼儿有意识地倾听别人说话。

在家时，家长要有意识地多与幼儿交谈，比如让幼儿讲述自己感到快乐的故事或各种经历，多和幼儿交谈，不仅可以发展幼儿的语言表达能力，也是培养幼儿倾听习惯的有效方法之一。

幼儿都喜欢听故事，家长可以让幼儿多看一些色彩鲜艳、图文并茂的图画故事，并与幼儿一页一页地讲，让幼儿边看边听。家长也可以让幼儿听一些喜闻乐见的童话故事，可以选择有声的，让幼儿在听故事的过程中幻想里面的故事情节，犹如身临其境，在陶醉中培养幼儿认真倾听的能力。

众所周知，幼儿也喜欢看动画片，家长要有意识地筛选适合幼儿观看的动画内容，然后注意抓住时机与幼儿交流。比如让幼儿说一说观看动画片的感受，家长注意倾听，以此来影响幼儿对倾听的理解，这样做既培养了幼儿的倾听能力，而且还能增进亲子关系。

3. 充分利用幼儿喜欢游戏的天性

（1）语言游戏

幼儿天生喜欢游戏，把枯燥无味的倾听训练通过有趣的游戏形式加以练习，容易被幼儿接受。家长可以充分利用幼儿这一特点，积极地、随机地创设一些形象生动的游戏情节，让幼儿在有趣的游戏中学会倾听。比如利用"指令性游戏""传话游戏""辩错游戏"发展幼儿倾听能力，培养幼儿倾听的习惯。

（2）随机生成游戏情节

家长要把握幼儿在家中学习的时机，不断强化幼儿倾听习惯的形成。比如家长身体力行，让幼儿在模仿中学习，产生良好的倾听习惯。又如帮助幼儿建立认真倾听的常规意识，日积月累地加强幼儿倾听习惯的形成。

4. 积极与幼儿园沟通

家长是幼儿的第一位老师，要提高幼儿的生活技能、养成良好习惯，需要家园配合。家长要有意识地主动了解幼儿在园的学习情况，并主动向教师反映幼儿在家的表现，双方密切配合，不断调整教育方式，更好地教育幼儿。

尤其需要注意，家庭教育要与幼儿园教育目标一致，有些家庭教育与幼儿园教育存在着很大的不一致性。比如，在幼儿园里老师要求幼儿自己穿脱衣服、自己吃饭，但当幼儿回到家，家长们的教育方式却是幼儿年龄小，吃得不快时，就喂饭。关于幼儿园布置的讲故事小任务，有些家长也不践行，认为讲不讲故事对培养幼儿倾听能力的影响不大，认为幼儿园教育足够了，就配合得不好。这些都是不可取的。

五、工作总结

幼儿倾听习惯的培养不是一蹴而就的，需要一定时间的坚持。我国著名教育学家陈鹤琴先生说："人类的动作十之八九是习惯。而这种习惯又大部分是在幼年养成的……习惯养得好，修身受其福；习惯养得不好，则终身受其害。"让幼儿建立良好的习惯，对幼儿的健康成长起着至关重要的作用。我们要关注幼儿的发展，让幼儿在倾听习惯的培养中了解自己、发展自己。培养幼儿形成良好倾听习惯是一项长期的工作，必须持之以恒。

北京市顺义区顺和花园幼儿园　高姗姗

"培养幼儿积极心理品质"指导方案

一、问题描述

幼儿时期是个体心理品质形成的关键阶段，积极的心理品质对于幼儿的成长和发展具有重要意义。《3—6岁儿童学习与发展指南》中重点强调，家长与幼儿园应结合幼儿的发展规律和性格特点，加强对幼儿好奇心、兴趣、童心的尊重和保护，通过双方的通力合作，合力教育幼儿。这强调了家庭作为幼儿园的重要合作伙伴，也要发挥自身的教育作用。然而，我们时常发现幼儿存在在园与在家表现不一致的情况，也时常感受到幼儿对学习的焦虑情绪，尤其大班的幼儿，面临幼小衔接，各方面要求的变化，都让他们内心承受着不同程度的压力。

二、原因分析

积极心理学强调个体的积极品质和潜能，倡导通过培养积极情感、增强心理韧性和建设健康的人际关系来提升个体幸福感。家庭作为幼儿的居住与学习场所，在培养幼儿积极心理品质方面发挥着重要作用。幼儿园应重视对幼儿家庭教育的关注度，为家长提供实践指导，共同促进幼儿积极心理的养成。就上述提到的问题，我们认真分析，究其原因，主要有以下几点：

1. 家长教育观念存在偏差

部分家长过于注重幼儿的知识学习和技能培养，忽视了心理品质的培养。一些家长可能认为幼儿只要学习好、有特长就是优秀，而忽略了幼儿的情感需求、人际交往能力和挫折承受能力等心理健康方面的发展。例如，有些家长为了让幼儿表现出色，过早地让其学习认字、算数，给幼儿带来了过大的压力，导致幼儿产生焦虑情绪。

2. 教育方法不一致

幼儿园教师通常接受过专业的教育培训，遵循科学的教育理念和方法。而一些家长可能凭借自己的经验和主观想法进行教育，导致教育方法不一致。例如，在幼儿园，教师鼓励幼儿自主探索和解决问题，培养他们的独立性；但在家中，家长可能因为心疼幼儿或急于完成任务，直接帮助幼儿完成本该自己完成的事情，这就导致幼儿在集体中因能力落后而产生挫败感。

3. 幼儿园对家长的指导不足

《幼儿园保育教育质量评估指南》中将"家园共育"作为幼儿园保育教育评估的关键指标。基于此，我们强化了与家长的沟通交流，但能明显感受到有时与家长的沟通往往只是表面的交流，比如我们经常会跟家长沟通幼儿在园或在家的表现，即使发现幼儿在家与在园表现不一致的情况，也并没有采取有效措施进行有针对性的指导，更不会去深入地探讨和分析。有时家长也会主动向教师反馈幼儿在家的哭闹表现，但没有深入分析幼儿哭闹的原因和背后的心理需求，没有及时给出有针对性的建议。

4. 相关指引资源缺乏

越来越多的家长认识到家庭教育的重要性，也有不少家长在遇到相关问题时能够主动找教师咨询，但是幼儿园方面没有系统的课程或资源，无法满足家长的需求。

三、工作目标

1. 及时发现家长的需求，及时提供有针对性的指导。

2. 不断更新家长的家庭教育理念，帮助家长树立科学育儿的教育观。

3. 加强家园合作，有效挖掘和利用家长教育资源，借助双方的共同努力，有效应对和解决教育难题，提高幼儿积极心理品质的培养成效，助力幼儿的身心健康发展。

四、工作措施

（一）及时发现家长需求

家庭是幼儿早期社会化的首要场所，家庭环境中的亲子互动质量、教育方式和情感支持直接影响幼儿的情绪调节和心理健康。幼儿园作为专业教育机构，通过科学的教育方法和教育活动设计，能够系统性地培养幼儿的积极心理品质，如自信心、合作精神和同理心等。教师要重视家庭教育对幼儿全面发展的作用，加强家庭和幼儿园之间的合作，及时发现家长的需求，并根据家长的需求制定有针对性的方案，形成有效的指导措施，帮助家长提高家庭教育能力，确保幼儿在不同环境中获得一致的教育支持和心理关怀，这种一致性有助于幼儿形成稳定的心理预期和安全感。

（二）更新家长教育观念

幼儿园要定期举办家长讲座和培训，邀请专家讲解幼儿心理发展的特点和积极心理品质培养的重要性，帮助家长树立正确的教育观念。

幼儿教师应抛弃陈旧的教育观念，增强自身知识储备，树立正确的"家园共建"理念，并积极与幼儿家长沟通，协助其树立科学的幼儿教育观念。使家长充分认识到家庭教育对幼儿发展的意义，建立家庭教育与幼儿园教育有机结合能取得教育的更佳效果的意识。

家长也可通过阅读相关的教育书籍、参加线上课程等方式，不断自我学习和反思，逐渐转变过于注重知识和技能的观念，从而更加关注幼儿的心理健康，促进幼儿积极心理品质的形成。

环境具有"无声教育"的作用，家长可以在家为幼儿提供一个温馨、和谐的成长空间——"和平小屋"，优化家庭教育方法。家长通过目睹幼儿在"和平小屋"中的成长与变化，感受幼儿的情绪变化与成长痕迹，然后在教师的帮助下可以学到更多关于幼儿情感发展的知识，掌握更有效的家庭教育方法，帮助幼儿快乐成长。

（三）邀请家长一同参与活动

幼儿在园的活动是丰富多样的，且每一次活动都是精心设计与准备的，我们向家长开放教育活动，让家长亲身体验科学的教育方法，并与教师进行交流和讨论，以便在家中能够运用相同的方法对幼儿开展家庭教育。

幼儿园应将积极心理学的理念融入这样的活动中，强调培养幼儿的自信心、乐观态度和情感韧性。比如，利用家长的空闲时间，进行文艺汇报表演，让家长近距离观看幼儿的成长，发现积极、自信的幼儿；让家长来园当助教，为幼儿讲解相关知识，启发幼儿的智慧与思维，传播正能量与文化知识，让家长成为幼儿的榜样。引导家长积极参与各类活动，确保家园教育方法统一，使幼儿园教育与家庭教育双向发挥作用，有效培养幼儿的积极心理。而家长通过参加这样的活动，也能从中受到启发，然后学以致用，在家庭中有意识地组织类似的活动，鼓励幼儿积极参与，培养幼儿大胆、阳光的个性。

（四）加强家园沟通的深度

我们打破表面沟通的壁垒，建立定期的深度沟通机制，如每学期一次的幼儿园家长会，专门就幼儿心理品质培养进行深入交流，不仅是汇报表现，更要分析问题和寻找解决方案。也会利用现代通信工具，如视频通话、在线讨论组、家访等，及时针对幼儿在家出现的心理问题与家长进行沟通和探讨。

我们还设立了心理辅导室，对象不仅有幼儿，也有家长，便于教师帮助一些情绪控制能力差或者有其他问题的幼儿找到解决问题的方法，提高幼儿的心理素质和适应能力，同时帮助家长了解幼儿现阶段常见的心理问题，对在育儿方面感到焦虑的家长提供相关的指导服务。通过这种方式，不仅有助于幼儿园教育效果的延续，也能为幼儿提供一个更加全面和丰富的成长环境，增强幼儿的自信心和安全感，有效帮助幼儿建立良好的情绪调节能力和社会适应能力。

（五）丰富相关指引资源

为了解决相关指引资源缺乏的问题，我们组织骨干教师团队研发适合本园的家庭教育指导课程和资源，包括手册、活动方案、教育视频等，并定期更新和完善。此外，幼儿园在创新教育理念的过程中，结合幼儿家庭教育的特点及其应用要求，建立家庭教育指导资源库，家长和教师一起分享自己的教育心得、案例和资源，形成资源共享的良好氛围。后面我们又整合社会资源，与专业的教育机构合作，定期举办线上家长培训和工作坊，向家长介绍积极心理学的基本原理和应用方法，帮助家长掌握科学的教育技巧，不断提高家庭教育水平。我们还建立了课程智囊团，成员包括教育专家、教师、社区工作者以及家长代表等，我们共同推进与幼儿发展相匹配的活动课程建设，力求为幼儿提供更优质的教育资源。

随着相关指引资源的不断丰富，为了确保贴合家长的需求，我们还会不定期进行实地家访活动。教师深入幼儿家庭，了解幼儿的更多表现和需求，为家长提供更加个性化的家庭教育指导服务。

五、工作总结

有效实施家庭教育指导工作，不仅为幼儿的全面发展提供了坚实的基础，还为幼儿积极心理的培养创造了良好的条件。

> 通过家庭和幼儿园的紧密合作，共同营造一个和谐、有爱的教育环境，帮助幼儿在快乐和幸福中健康成长。

广东省广州市天河区侨英幼儿园 杨杏琴 江丽红

"培养幼儿家庭阅读习惯"指导方案

一、问题描述

《3—6岁儿童学习与发展指南》强调,通过阅读,幼儿可以接触到丰富多样的知识和经验,这些对于他们的认知发展和情感成长都是不可或缺的。因此,幼儿良好的阅读习惯将为他们未来的学习和生活打下坚实的基础。家庭作为幼儿园的重要合作伙伴,为了解幼儿在家的阅读情况,我们做了一次全面的调查,发现了一些共性问题,主要集中在幼儿家庭阅读环境不佳、幼儿阅读兴趣不高、家长指导技巧不足等方面,这引起了我们的重视。

二、原因分析

阅读能促进幼儿语言能力、想象力和创造力的发展,拓展幼儿视野,促进幼儿的情感表达。针对幼儿家庭阅读环境不佳、阅读兴趣不高、家长指导技巧不足等问题,我们做了全面分析。

1.幼儿家庭阅读环境不佳

家长是幼儿的第一任老师,家长的一言一行影响着幼儿的发展。很多家长没有重视幼儿的早期阅读,忽视了对幼儿阅读习惯养成的引导,或者对幼儿开展阅读的指导与示范作用并不明显。环境作为重要的育人方法之一,具有重要的"润物细无声"的作用。有一个良好的阅读环境,是培养幼儿阅读习惯的基础,然而事实上许多幼儿缺乏良

好的阅读环境，如没有足够的图书、没有安静的阅读空间等，这都反映了家长对幼儿阅读习惯培养的不重视。

2.幼儿阅读兴趣不高

在很多家庭中，家长对幼儿阅读习惯的培养带有功利性，以幼儿知识水平的提高为主要标准，使幼儿感受到阅读的压力。除此之外，家长给幼儿选择的书目单一，且不符合幼儿的年龄特点，导致幼儿对阅读缺乏兴趣，觉得阅读枯燥乏味，没有吸引力。

3.家长指导幼儿阅读的技巧不足

许多幼儿在阅读时存在困难，如不认识字、不理解文章内容、阅读速度慢等，这些问题会影响他们的阅读体验和阅读效果。这就需要家长的有效指导，同时需要采取一系列措施来提高幼儿的阅读能力。如可以从有趣的图画书和简单的故事书开始，逐步激发幼儿的阅读兴趣。除此之外，定期给幼儿朗读故事，增强幼儿的语言理解能力，同时也能增进亲子关系。此外，家长应该鼓励幼儿提问，并耐心解答他们对文本内容的疑惑。

三、工作目标

1.鼓励家长定期与幼儿共同阅读，建立亲子阅读的常规活动，增进家庭内的沟通和互动，提升幼儿的语言理解能力。

2.提高家长在指导幼儿阅读方面的技巧和能力，使家长能更有效地支持和促进幼儿的阅读发展。

3.通过多样化的阅读材料和活动，让幼儿体验阅读的乐趣，激发和维持幼儿的阅读兴趣，帮助幼儿形成积极主动的阅读习惯。

4.通过阅读活动，全面发展幼儿的语言能力、想象力、创造力以及情感表达能力，为其终身学习和个人成长打下坚实基础。

5.建立幼儿园与家庭之间的合作关系，共同为幼儿创造支持性的成长环境，确保阅读习惯的培养在家庭和学校之间得到有效衔接。

四、工作措施

（一）向家长宣传幼儿阅读的重要性

1.阅读可以发展幼儿的语言能力

阅读是幼儿学习语言的重要途径之一，阅读能够提高幼儿的语言技能。通过阅读，幼儿可以接触到丰富的语言材料，有助于他们语言欣赏能力、语言适应能力、语言表达能力及理解力的提升。

2.阅读可以拓展幼儿的视野与思维

大千世界无奇不有，幼儿被好奇心充斥着，每天有"十万个为什么"，图书中含有丰富的知识和大量的信息，可以帮助幼儿在找到"答案"的同时，拓展他们的视野和思维空间，帮助幼儿开拓眼界，增长见识。

3.阅读可以提高幼儿的想象力和创造力

幼儿想象力丰富，天生就是创造家。儿童书籍中有生动形象的图画、有激动人心的故事情节，通过阅读，幼儿可以天马行空地去想象书中的奇妙场景，与书中的人物和情节产生共鸣，从而培养他们的想象力和创造力。

4.阅读有助于培养幼儿的情感和品德

通过阅读优秀的文学作品，幼儿可以感受到书中积极向上的精神，从而受到启发和感染，有助于幼儿形成良好的情感和品德，树立正确的价值观和道德观。

（二）创设良好的家庭阅读环境

家长应该给幼儿提供适宜的阅读空间，并配备适合幼儿身高的桌椅和书架，阅读环境要安静、光线充足。家长也要给幼儿提供丰富的阅读材料，包括多样化的图书类型，如图画书、故事书、科普书籍等，以满足幼儿不同的兴趣和需求。需要注意的是，家长要注意定期更新书库，并定期组织家庭阅读活动。一方面可以长时间保持幼儿的阅读兴趣，另一方面可以丰富幼儿的阅读感受，提高阅读能力。比如

通过家庭阅读会或故事分享会等形式，不仅能有效激发幼儿主动阅读，还能增强家庭成员之间的互动和交流，共同营造良好的阅读氛围。

（三）推荐适合幼儿阅读的图书

很多家长由于对幼儿发展规律不了解，盲目选择图书，殊不知不符合幼儿年龄特点的图书不仅不能提高幼儿的阅读兴趣，还有可能让幼儿产生排斥心理。家长应该根据幼儿的年龄特点和发展规律，为幼儿选择适合的书，或者为幼儿制定个性化书单，增加阅读对幼儿的吸引力。比如小班幼儿可以阅读《小蓝和小黄》《好饿的毛毛虫》《我的情绪小怪兽》等，中班幼儿可以阅读《彩虹色的花》《大卫不可以》《爷爷一定有办法》等，大班幼儿可以阅读《猜猜我有多爱你》《一园青菜成了精》《鸭子骑车记》等。

（四）掌握指导幼儿阅读的技巧

培养幼儿的阅读习惯，家长要有学习并运用有效的阅读指导方法的意识，而不是布置了环境、购买了图书，就不管了，随幼儿读与不读或者怎么读，这样是不可以的，会导致阅读流于形式。家长可以陪伴幼儿阅读，或者在幼儿阅读的过程中通过提问引导、角色扮演、故事复述等方法，提高幼儿的阅读理解和表达能力。家长要有耐心和创造性，愿意与幼儿共同探索书中的世界，不断激发幼儿的想象力和创造力。我们也会给家长提供培训和资源，帮助家长了解如何根据幼儿的反应和需求调整阅读指导策略。

（五）建立奖励与鼓励制度

正面的激励有助于幼儿进行持续的阅读。我们都知道奖励与鼓励是常见的教育方法，对促进幼儿阅读习惯的养成具有一定的积极作用。当幼儿表现出良好的阅读习惯，如每天坚持阅读、认真阅读时，家长可以给予他们一些小奖励，从而增强他们阅读的动力。奖励的方式可以是物质奖励，也可以是精神奖励，还可以让幼儿自主选择奖励的方式。物质奖励可以是幼儿喜欢的小玩具、小贴纸、小奖章等，当幼儿完成阅读任务或达到阅读目标时，家长给予幼儿这样的物质奖励，可以有效激发他们的阅读兴趣和动力。精神奖励主要包括家长的正面反馈、赞扬和对幼儿的鼓励与认可，如口头表扬、拥抱、亲吻等，让幼儿感受到自己的努力得到了认可。对于自主选择奖励这种方式，当幼儿达到一定的目标与要求时，家长可以给予他们相应的选择权，让幼儿自己做选择，这样的方式不仅有助于增强他们的阅读动力，还培养了幼儿自主阅读的习惯。

需要注意的是，家长在利用奖励与鼓励制度时，要注意把握好尺度。奖励不要过于频繁，过多的奖励可能会让幼儿变得有依赖性。而物质奖励则不能过于丰厚，会影响幼儿价值观的判断。家长在给予奖励时，要根据幼儿的实际表现来决定奖励的内容和方式。奖励要与幼儿的努力和进步相匹配，不能过于简单或过于困难。奖励与鼓励的目的在于激励与启发，积极的奖励与鼓励机制可以激发幼儿的阅读兴趣和动力，让他们更愿意主动去阅读。

五、工作总结

幼儿阅读习惯的养成是一个长期的过程，家庭作为幼儿阅读习惯养成的重要场所之一，家长应该为幼儿创造一个良好的阅读环境，激发他们的阅读兴趣，培养他们的阅读技巧，强化他们的阅读习惯，让幼儿受益终身。

山东省滨州市实验幼儿园 陈建芳

 幼儿园家庭教育指导方案精选30例

"幼儿家庭前书写教育"
指导方案

一、问题描述

在家庭环境中,幼儿的前书写教育常常面临诸多挑战。所谓的前书写,就是幼儿还没有接受正式的书写教育之前,通过涂鸦、绘画、像字而非字的符号等形式,来表达自己的想法和感受。这就像是我们在画画时,画出的那些只有我们自己才能看懂的"秘密语言"。很多家长可能会担心,如果不提前教幼儿写字,会不会输在起跑线上。其实前书写阶段更重要的是培养幼儿对书写的兴趣和热爱,而不是追求书写的规范和速度。过早地进行小学化的书写练习,可能会让幼儿感到枯燥和乏味,甚至可能对他们的小肌肉发育和心理健康造成不良影响。然而部分家长可能因缺乏专业的教育知识和方法,导致无法有效地引导和培养幼儿的前书写兴趣和技能。同时,家庭环境的差异也会影响幼儿前书写教育的效果,如书写工具的缺乏、学习氛围的不足等。因此,教师需要为家长提供科学的、系统的前书写教育工作指导策略,支持家长为幼儿提供丰富的书写工具和材料、结合游戏和活动,创造一个自由、愉快的学习环境,培养幼儿的书写兴趣和对书写的热爱。

二、原因分析

缺乏专业知识:家长可能不了解幼儿前书写教育的重要性和具体

方法，导致无法科学地引导幼儿进行前书写练习。

环境差异：家庭环境的不同会影响幼儿的前书写习惯和技能发展，如书写工具的选择、书写空间的布局等。

时间分配：家长因工作忙碌或其他原因，可能无法给予幼儿足够的书写时间和关注。

兴趣培养：如何激发幼儿对书写的兴趣，是家长在家庭教育中面临的一大难题。

三、工作目标

1.提高家长的教育意识，帮助家长认识到前书写教育对幼儿发展的重要性，树立正确的教育观念。

2.传授专业方法：向家长传授科学的前书写教育方法，提高家长的教育能力。

3.优化家庭环境：指导家长优化家庭环境，为幼儿提供良好的书写条件。

4.激发前书写兴趣：通过有趣的游戏和活动，激发幼儿对前书写的兴趣，培养幼儿的前书写习惯。

四、工作措施

（一）帮助家长认识到前书写教育的重要意义

教师需要与家长进行深入的沟通交流，帮助家长认识到前书写教育的重要意义。教师通过分享前书写教育的重要性、目标和内容，引导家长树立正确的教育观念，积极参与幼儿的前书写教育。

首先，家长需要明确前书写的概念，即幼儿在未接受正式书写教育之前，通过涂鸦、绘画、像字而非字的符号等形式进行的书写活动。前书写是幼儿书面语言发展的起点，对于培养幼儿的书写兴趣、观察力、方位知觉、空间知觉、小肌肉灵活性和手眼协调力等都具有重要意义。

其次，家长应了解幼儿在不同年龄段的发展特点，如4—5岁的幼儿在成人的提醒下能写写画画且姿势正确，而5—6岁的幼儿则能更加自主地进行书写活动。根据这些特点，家长可以更有针对性地设计前书写活动，避免过早进行小学化的书写练习，以免对幼儿造成不必要的压力。

再次，家长可以为幼儿提供各种书写工具和材料，如铅笔、彩笔、油画棒、纸张等，让幼儿在自由涂画的过程中感受书写的乐趣。家长还应鼓励幼儿用书写的方式自由表达自己的想法和感受。无论是画画还是写像字而非字的符号，都应被看作是幼儿表达自我的一种方式。家长还应给予幼儿充分的自由和支持，让他们敢于尝试。家长还可以设计一些有趣的书写游戏和活动，如填字游戏、连字游戏等，与幼儿一起参与其中。这些游戏不仅能提高幼儿的书写能力，还能增进亲子关系，让家庭成为幼儿学习书写的温馨港湾。

最后，当幼儿表现出进步和努力时，家长应及时给予积极的反馈和鼓励。这不仅能增强幼儿的自信心和兴趣，还能让他们感受到自己的努力和成果被认可。家长应避免过度关注书写结果而忽视书写过程，应重视幼儿在书写过程中展现出的积极态度和努力精神。

(二) 向家长科普适合幼儿练习的前书写形式

家长在引导幼儿进行前书写练习时，应尊重幼儿的发展规律和学习特点，避免过早进行小学化的书写练习。家长要关注幼儿的兴趣和需要，培养良好的书写习惯。适合幼儿进行书写练习的形式有以下几种，家长在开展前书写教育时，需要特别注意：

1.涂鸦与自由绘画

鼓励幼儿使用铅笔、蜡笔或水彩笔等工具，在纸张上自由涂鸦和绘画。这种方法不限制内容和形式，让幼儿充分发挥想象力和创造力。

2.符号书写

引导幼儿用简单的符号或图形来表示特定的意义，如用"〇"表示太阳,"△"表示山峰等,也可以让幼儿设计自己专属的签到符号或标记。

3.绘画(表征)

鼓励幼儿用绘画的方式记录自己的一天或某个特定的事件。家长可以引导幼儿讲述自己的经历,然后帮助他们用画笔表达出来。

4.创意书写游戏

设计一些创意书写游戏,如"我的名字我做主",让幼儿通过创意把自己的名字画成一幅画或摆成一个造型;或者进行"故事接龙"游戏,每个家庭成员轮流用简单的文字或符号续写故事。

(三)传授指导幼儿前书写教育的方法

1.选择合适的书写工具

指导家长为幼儿选择适合年龄和手部发育特点的书写工具,如粗杆笔、蜡笔等,避免使用过于细小的笔杆。也建议家长为幼儿提供多样化的书写材料,如纸张、彩笔、贴纸等,让幼儿在探索中发现书写的乐趣。

2.创设良好的书写环境

鼓励家长为幼儿提供一个安静、整洁、光线充足的书写环境,确保幼儿能够专心地进行书写练习。家长也可以在家中的墙面上布置一些与书写相关的内容,如幼儿的书写作品、书写姿势、书写规则等,营造浓厚的书写氛围。需要注意的是,要确保家庭中的书写环境安全无虞,避免幼儿在书写过程中受到伤害。

3.科学安排书写时间

科学安排幼儿前书写时间,关键在于平衡与适量。家长应根据幼儿的年龄、兴趣及疲劳程度,每天安排短暂而集中的时段进行前书写活动,如10—15分钟。选择幼儿精神状态最佳的时间段,如午后或傍晚,避免在饭前饭后或睡前进行,以免影响食欲和睡眠质量。同时,结合幼儿的日常生活和学习节奏,将前书写融入其中,如在绘画游戏后自然过渡到符号书写练习。重要的是,要保持活动的趣味性和

互动性，让幼儿在轻松愉快的氛围中享受书写的乐趣，而非将其视为负担。通过科学安排时间，既能促进幼儿书写能力的发展，又能保护他们的身心健康。

4.结合生活实际

鼓励家长将前书写教育与幼儿的日常生活相结合，如让幼儿用书写的方式记录自己的心情、计划等，增强幼儿的书写意愿和动力。在幼儿进行书写练习时，家长要及时给予表扬和鼓励，增强幼儿的自信心和成就感。同时，也要关注幼儿的书写过程，及时纠正不良习惯。

5.采用游戏化教学

向家长推荐一些有趣的书写游戏和活动，如连线游戏、涂画游戏等，让幼儿在玩乐中学习书写技能。家长也可以自主设计一些富有创意的书写游戏，将书写练习与游戏元素相结合，使幼儿在游戏中可以很好地掌握握笔姿势、感受到书写的作用。

6.亲子共读共写

家长可以与幼儿一起阅读书籍、编写故事等，共同享受书写的乐趣。通过亲子互动，不仅可以增进亲子关系，还可以激发幼儿的书写兴趣。在阅读完一个故事后，家长可以让幼儿尝试用自己的话复述故事，并用书写的方式记录下来。这种方式不仅加深了幼儿对故事的理解，还培养了他们的书写能力和表达能力。

7.数字化书写工具应用

随着科技的发展，数字化书写工具如平板电脑上的绘画和书写应用，成为家庭前书写教育的新选择。这些工具通常具有丰富的色彩、多样的笔刷和便捷的编辑功能，能够吸引幼儿的注意力。家长可以引导幼儿使用这些工具进行书写练习，如涂鸦、绘画、描绘小动物、多样表征等。同时，一些应用还提供了书写评估和反馈功能，有助于家长了解幼儿的书写水平并给予有针对性的指导。

8.创新前书写方式

（1）互动式故事创作

家长可以与幼儿一起创作故事，鼓励幼儿用图画或简单的文字符号来表达故事情节。在创作过程中，家长可以引导幼儿思考故事的开头、发展和结局，并帮助他们用书写的方式记录下来。这种方式不仅培养了幼儿的书写意识，还锻炼了他们的想象力和创造力。

（2）书写主题日

家长可以设定特定的书写主题日，如"动物日""植物日"等。在这一天里，家长可以引导幼儿围绕主题进行书写练习，如绘制动物或植物的图画等。这种方式能够让幼儿在轻松愉快的氛围中掌握书写技能，并增加他们对不同主题的兴趣和了解。

（3）书写日记或记录心情

家长要鼓励幼儿养成书写日记或记录心情的习惯。家长可以为幼儿提供一个充满童趣的日记本或心情记录卡，让幼儿通过自己的方式每天记录所见所闻、所感所想。这种方式不仅能培养幼儿的书写能力，还可以帮助他们学会表达自我和记录生活。

（4）书写与手工结合

家长可以将书写与手工活动相结合，如制作书签、贺卡等。在制作过程中，家长可以引导幼儿用书写的方式添加想要的内容，这种方式既锻炼了幼儿的书写技能，又培养了他们的动手能力和创造力。

五、工作总结

通过实施以上工作措施，我们可以有效地指导家庭开展幼儿前书写教育。首先，帮助家长树立正确的教育观念，使家长认识到前书写教育的重要性；其次，向家长科普适合幼儿练习的前书写形式，避免小学化教育；最后，通过传授专业的指导方法，提高了家长的教育能力。这些措施不仅有助于幼儿书写技能的发展，也有助于促进幼儿认知、情感、社会性等多方面的全面发展。

然而，幼儿家庭前书写教育工作是一个长期而复杂的过程，需要家长和教师共同努力、持续探索。在未来的工作中，我们将继续加强与家长的沟通交流，关注幼儿的成长变化，不断优化教育策略和方法，为幼儿的全面发展提供更加有力的支持。同时，我们也希望家长能够积极参与幼儿的前书写教育，与幼儿共同成长、共同进步。

山东省滨州经济技术开发区沙河街道中心幼儿园　吴洪仙

"家长助力幼儿情绪管理"指导方案

一、问题描述

《幼儿园教育指导纲要（试行）》明确指出："幼儿园必须把保护幼儿的生命和促进幼儿的健康放在工作的首位。树立正确的健康观念，在重视身体健康的同时，也要重视幼儿的心理健康。"在日常教学中，我们时常发现一些情绪化的幼儿，不能很好地平复自己的情绪。比如户外活动结束后，教师击鼓表示排队回教室。有幼儿发现别的幼儿做了排头，就不高兴了，不论教师怎么去平衡，不乐意的幼儿就是很生气，还会动手打已经排在第一位的幼儿，导致矛盾产生。又如，在教学活动中，教师提问题，大家都积极举手，想表达自己的想法，然而有些幼儿因为没被叫到而心生不满，会在课堂上大声叫嚷，教师极力安抚他们的情绪，他们依然会生气，有的还跑出去不上课，导致课堂效果较差。

二、原因分析

从以上问题中可以发现，有些幼儿以自我为中心，情绪管理能力差，总是希望自己的要求得到满足，不顾他人的感受；得不到满足时会表现出激烈的情绪：生气、哭闹甚至攻击他人。这样很不利于幼儿的心理健康发展，同时也影响了其他幼儿的情绪和集体的心理氛围。而出现这种情况的原因，大致如下：

1. 不良的家庭教养方式

很多年轻父母工作繁忙，幼儿主要由祖辈家长养育。祖辈家长常无节制地满足幼儿的需求，导致幼儿养成以自我为中心，想做什么就做什么，不顾及其他人感受的性格。当幼儿进入群体生活时，遇到挫折和阻碍就容易产生各种情绪问题。

2. 缺乏对情绪变化的关注

很多家庭更在意幼儿智力的发展，甚至小小年纪就报了各种班，忽视幼儿的情绪变化与内心压力，导致幼儿压抑，时间久了就会变得焦虑不安，遇事容易暴躁。

3. 家长情绪疏导能力弱

我们在做调研时发现，很多幼儿出现不良情绪时，家长不知道如何帮助幼儿疏导或缓解情绪。甚至一些家长还会因为幼儿的情绪发泄而导致自身情绪的崩溃，以大声吼叫或粗暴的方式制止幼儿的行为，导致幼儿的情绪不能很好地宣泄，不利于心理健康地发展。

三、工作目标

1. 引导家长关注幼儿的情绪、了解幼儿的情绪、接纳幼儿的情绪，知道情绪管理对幼儿健康发展的重要性。

2. 帮助家长通过适宜的方式释放、转移、消除幼儿的负面情绪，让幼儿能在生活中以积极乐观的心态迎接挑战、应对挫折，拥有快乐的童年。

四、工作措施

（一）教师要有做好家庭教育指导工作的意识

心理健康的人一般情绪稳定，生活态度积极，人际关系和谐，行为能自我调节和控制。3—6岁幼儿情绪丰富而强烈，且起伏变化大，不能很好地控制、调节自己的情绪。这就需要成人及时发现幼儿的情绪问题，家园协同引导幼儿辨别自己的情绪状态并接纳自己的情绪，同时尝试学习用合理的方式宣泄和表达消极情绪。

家庭是人生的第一所学校，家长是幼儿的第一任老师，家长要给幼儿讲好人生第一课，帮助幼儿扣好人生第一粒扣子。《全国家庭教育指导大纲》中提倡，在尊重儿童身心发展规律的基础上，家长要不断学习，掌握家庭教育知识，提高自身修养，具备科学教育幼儿的能力。作为专业机构的幼儿教师，家园共育已成共识，幼儿教师不能只专注于教育教学能力的提升，也要注重做好针对家长的家庭教育指导工作，使幼儿在家时能够得到家长的及时引导与教育，实现科学育儿。

（二）在家为幼儿营造安全的心理环境

幼儿的情绪受周围情绪氛围的影响较大，因此家庭氛围会影响幼儿情绪管理能力的发展。家长应努力为幼儿营造温馨和谐的家庭氛围，为幼儿情绪知觉、控制、管理能力提供良好的情感氛围。其一，避免让幼儿感受到家庭中成年人的不良情绪，如应处理好夫妻关系、注意与老人的磨合以及工作不顺心不要在家发脾气。其二，在日常生活中，家长应注意家庭成员间的情绪表达方法，积极营造有爱的家庭氛围。在多子女的家庭中，家长还要特别注意兄弟姐妹之间的公平对待，不能有偏有私，要让每个孩子都能感受到家人的关爱。幼儿在安全、温暖、宽松、愉快、平等的家庭氛围中，心理上会得到满足与发展。

（三）改变家教方式，提升指导策略

1.尊重理解，引发共鸣

当幼儿出现负面情绪时，家长应冷静对待，控制好自己的情绪。尊重幼儿的情绪，主动与幼儿进行沟通与交流，在心理上起到安抚作用；同时要引导幼儿感知自我情绪，如快乐、愤怒、悲伤、生气等，这也是锻炼幼儿情绪管理能力的前提。家长要主动了解幼儿产生负面情绪的原因，其中包括幼儿心理要求得不到满足、面对不公平现象所

造成的不平衡状态、与小伙伴之间相处的不愉快等一系列问题，只有这样才能从根本上解决幼儿的情绪问题，根据不同情况进行有针对性的教育。

2.巧用绘本，调节情绪

绘本是对幼儿进行教育的重要载体，在家庭中，亲子阅读情绪管理类绘本能很好地锻炼幼儿的情绪管理能力。情绪管理绘本能惟妙惟肖地描绘出幼儿生活中的事件，易引起幼儿的情感共鸣。

家长要依据幼儿的年龄、认知水平、情绪类别来筛选情绪绘本，帮助幼儿从绘本的具体情境中掌握控制情绪的方法，提升幼儿情绪控制的能力。如情绪主题绘本《把坏脾气收起来》《生气汤》《大喊大叫的一天》《菲菲生气了》等，能帮助幼儿学会如何处理生活中的坏脾气。又如绘本《我的情绪小怪》，以质朴的拼贴和童稚的笔触巧妙地将那些抽象、看不见的情绪转化为能看得见和感受得到的视觉体验，准确地运用颜色表达情绪，如绿色代表平静、黄色代表快乐、红色代表愤怒、蓝色代表忧伤……巧妙地让幼儿更好地理解自己和他人的感受，学会有效调节和管理自己的情绪，学会与他人交流，促进幼儿保持良好情绪。

家长也可以让幼儿在看、说、演、玩的过程中了解和感受故事中人物的情绪，如家长和幼儿进行情景表演，在情景表演中增强幼儿的共情能力，帮助幼儿形成乐观向上的人生态度。

3.游戏引导，释放情绪

游戏是幼儿最喜欢的活动，家长要让幼儿在丰富多彩的游戏中体验自己的情绪、感受他人的情绪。

家长可以结合走、跑、跳等基本动作，设计适合亲子互动的运动类游戏。例如，跳跳糖：家长坐下，双腿打开，幼儿双腿并拢站在家长双腿中间，家长双腿并拢时幼儿双腿打开跳起，家长双腿打开时，幼儿双腿并拢跳起，整个过程幼儿和家长手拉手，幼儿要跳跃完成。

家长也可尝试运用安全的道具进行运动游戏，如皮球、绳子、毛巾等。例如，枕头大战：用柔软的枕头进行亲子互动，相互投掷、压、抱等，在快乐的游戏中引导幼儿发泄不良情绪。再如，金蝉脱壳：将幼儿用被子或毯子裹起来，然后让幼儿像昆虫一样从"蛹"里挣脱出来，提升触觉刺激、锻炼肌力和身体控制能力，这样不但锻炼了幼儿核心控制力和身体稳定性，而且促进了幼儿情绪稳定性的不断巩固。

还有舒缓类的游戏，家长也可以尝试，如情绪涂鸦：引导幼儿用喜欢的方式记录自己的情绪，可以使用不同的颜色代表不同的情绪，能力强的幼儿还可以将引起他不高兴的事情画下来，然后讲述给爸爸妈妈听，这对幼儿正确表达情绪有很大帮助。又如情绪骰子：制作一个正方体的骰子，在六面画上代表不同情绪的表情，家长和幼儿轮流投骰子，骰子到哪面就说一件和这种情绪相关的事情，这也是有效疏导幼儿情绪的方法。另外，还有情绪罐子、花式鸟巢、亲子瑜伽等相对柔和的游戏，对帮助幼儿正确地进行情绪表达有很大的作用。

（四）家园共体，增强情绪管理能力

家园之间要密切合作，增强幼儿的情绪管理能力。幼儿园可以定期开展家长培训讲座，让教师和家长积极交流幼儿情绪管理的经验和方法。如座谈会、线上沙龙等活动，让部分家长介绍自己在育儿过程中的心得和收获，满足家长互动学习的需求。

"一对一"跟踪指导是指，教师有针对性地聚焦某一个幼儿和家庭的情绪辅导做出分析判断，进而提出有价值的辅导策略，帮助家长解决幼儿的情绪问题，这个策略将起到良好的指导作用。

我们还可以根据班级幼儿的群体性心理需求，设计心理团体辅导课，帮助幼儿习得掌控自身情绪的方法，同时组织家长观摩，满足家长关于幼儿情绪管理方法的群体性指导需求。

除了关注幼儿的情绪，我们还指导家长学会管理自己的情绪，如组织家长学习心理学的知识，引导家长学会对自身情绪进行科学管理，做好自己情绪的主人。帮助他们较为准确地预见自己和他人的情

绪变化，并主动采取方法维护情绪健康与人际关系，通过提升家长情绪管理能力促进幼儿情绪管理能力的发展。

五、工作总结

在家园的不懈坚持和干预下，班级幼儿发脾气的频率明显降低，一些幼儿遇到挫折和阻碍时虽会产生一些负面情绪，但极少会大哭大闹，经过成年人的安抚能平静下来，有时也能自己调整好。我们也注重从幼儿的闪光点出发，增强幼儿的自信心和成功感，促使幼儿乐意为班集体服务，积极参与集体交往活动。

通过一系列的实践，家长们也都有效提高了家庭教育能力，能够主动关注幼儿的情绪变化，会主动辨识自己和幼儿的情绪状态，还会积极帮助幼儿认识情绪、接纳情绪、管理情绪，家庭氛围也更加温馨和谐了。

浙江省宁波市第一幼儿园 黄丹青

"三胎背景下幼儿心理健康教育"指导方案

一、问题描述

随着国家三胎政策的出台,许多家庭再添新成员,家里的小哥哥、小姐姐受到的关注因为新成员的到来而有所下降,这让许多家庭里的孩子因为落差感产生焦虑,进而出现各种问题行为。

二、原因分析

心理学上有个专业名词叫"同胞竞争",即同胞兄弟姐妹之间相处的微妙关系。不管是父母的爱,还是个人的表现,有了两个或两个以上的孩子之后,他们之间必然会有竞争,还会有比较。一方面,大多数"大宝"在妈妈怀了或生了二胎、三胎之后,心里会产生很大的落差感,并且会因为年龄小无法用语言表达自己的内心需求而出现种种行为问题。另一方面,由于前期家长缺少与"大宝"的沟通和引导,忽视了"大宝",导致新成员到来后,"大宝"突然感觉自己的家庭地位发生了巨大的变化,产生心理恐慌:担心爸爸妈妈会更爱"小宝",容易胡思乱想,陷入焦虑。这就需要成年人能够关注到大宝的心理变化,并通过一定的措施及时加以引导,以维护幼儿的心理健康发展。

三、工作目标

1.引导家长关注家庭里小哥哥、小姐姐的心理健康。

2.指导家长采用有效的措施，积极疏导"大宝"的心理健康问题，帮助家长解决教育困惑，提高教育能力。

四、工作措施

（一）引导家长关注幼儿的问题行为

由于工作和生活琐事占据了很多时间，许多家长忽视了大宝表现出的问题行为，更不会加以及时的引导。教师要注重引导家长去关注幼儿的异常表现，做一个有心的家长。我们对幼儿进行观察后，梳理出典型问题并配合实际案例，展示给家长看，以引起家长的重视。

问题表现	问题分析	案例展示
能力退化	为了重新吸引成年人的注意，原本生活自理能力比较强的"大宝"会出现生活自理能力退化或弱化的情况，比如原本可以自己穿衣服、吃饭的"大宝"，会要求大人帮忙穿衣服、喂饭，渴求成年人的关注。	小瑜是小班班级的一名成员，刚刚当上哥哥，原本能够自己动手吃饭的他，近期对爷爷非常依赖，吃饭的时候要爷爷喂饭才吃，穿衣服也需要爷爷帮忙才愿意穿，自己不再愿意动手。在跟小瑜妈妈沟通之后了解到，小瑜最近新当上了哥哥，家里人的注意力都在"小宝"身上，爸爸妈妈都在陪"小宝"，只有爷爷在陪着小瑜。像小瑜这样的"大宝"，在"小宝"没来之前一直是家里的"掌中宝"，爸爸妈妈爷爷奶奶还有外公外婆都围着小瑜转。但是自从"小宝"降临后，由于"小宝"年纪小需要更多的照顾，家里人的注意力都集中

(续表)

问题表现	问题分析	案例展示
能力退化		在了"小宝"身上，只有爷爷陪着他，因此给他带来了巨大的失落感，导致内心失衡。
分神，精神状态不佳	上课或者在游戏期间，状态不佳，经常会出现游离状态，整个人无精打采，专注力大不如前，甚至在户外游戏的时候都是一个人游离在集体之外，对任何活动的兴趣度都大大降低。学习兴趣减弱，精神状态不佳，没有之前的积极性。	仔仔在班里是个活泼、外向、开朗的小男孩，经常喜欢和小朋友一起玩，有很多好朋友，户外活动的时候和好朋友玩得很开心，总有很多奇思妙想。但是最近，我们发现仔仔完全变了一个人，总是一个人默默的，也不和好朋友一起玩了，户外活动的时候也总是一个人默默地在旁边看着，好朋友过来拉他的手一起去玩，他也总是甩掉。上课的时候总是分神，注意力不集中，视线总是会飘到窗外。在午睡的时候会偷偷躲在被子里抹眼泪，老师问他为什么哭，仔仔说是想妈妈了。在与家长沟通之后得知妈妈最近刚刚生了一个小妹妹，在月子中心坐月子，没有时间陪仔仔，仔仔最近都是爷爷奶奶在带。
情绪躁动	心情不稳定，脾气变差，经常因为一点点很小的事情就变得暴躁，甚至出现攻击行为。以自我为中心	卡卡经过小班一个学期后，进步了很多，还经常帮助老师和同伴，在班级里也交到了很多好朋友，从刚开始经常的发脾

（续表）

问题表现	问题分析	案例展示
情绪躁动	的情况越来越严重，会要求周围的人配合自己的想法，一点儿不合心意就发脾气，以此来宣示"主权"，发泄自己心中的不满。	气，变得愿意倾听他人的意见，愿意谦让玩具。但是在妈妈怀了"小宝"后他变了，脾气很暴躁，只要一不顺心就发脾气，扔东西、打人。在家里他会攻击妈妈的肚子，看动画片被拒绝后会扔遥控器。在幼儿园，卡卡看见其他小朋友手里的玩具就一定要玩，会动手抢，其他小朋友不同意就一把把人家推倒在地，不管人家哭喊，只顾自己玩。

通过展示以上典型案例，让更多家长认识到关注"大宝"心理健康的重要性，引起了家长的重视。

（二）引导家长反思自己的行为

一方面，对家长来说，家中"小宝"的出现，会使家长出现变化，很多家长对"大宝"的要求变高。"小宝"出生后，家长的精力被分散，导致对"大宝"很难再倾注全部的关注，希望"大宝"生活自理能力有所提升，更加独立自主，这样家长会觉得轻松一些。这突如其来的高要求，对"大宝"来说是需要时间适应的。另一方面，家长觉得有了"小宝"，就要求"大宝"承担起哥哥姐姐的责任，还有些家长在面对"大宝"和"小宝"之间的矛盾时，会下意识地希望"大宝"让步，理所应当地认为"大宝"应让着"小宝"，因此导致"大宝"更加恐慌、委屈。家长要端正自己的态度，改变自己原有的观念，要能够反思自己的行为，不要让自己的变化导致幼儿焦虑不安，要以科学、正确的教育态度与方法实施教育。

(三)教授家长掌握一定的指导方法

1. 注意转移法

注意转移法是心理学上一种常见的调节方法，特别适合小年龄段的幼儿，就是及时将注意力从一件事情上转移到另外一件事情上，从而达到调节情绪的目的。当幼儿处于一种负面情绪的时候，家长就可以采用注意转移法，将幼儿的注意力转移到其他事情上，如带着幼儿看故事书、做游戏等，等幼儿的情绪恢复后再和幼儿回忆刚才的事情，让幼儿反思自己的行为。

2. 亲子交流法

亲子交流法是指家长寻找一个合适的契机，与幼儿进行面对面谈心，了解幼儿的内心想法。幼儿年龄小，家长作为幼儿最亲近的人，发现幼儿的异常行为，要能够营造轻松的聊天氛围，与幼儿进行交流，了解幼儿产生不良情绪或行为的原因，找到心结，更好地帮助幼儿疏导情绪。

3. 绘本讲述法

绘本讲述法是指以绘本为载体，帮助幼儿疏导心理，排解"大宝"的不良情绪。绘本的画面生动形象，故事更容易被幼儿接受和理解。因此，在塑造"大宝"心理健康方面，家长可以采用绘本讲述法，通过绘本讲述帮助幼儿了解当"老大"要面临的挑战、责任等，建立心理准备。比如绘本故事《跟屁虫》《妈妈的魔法肚子》《爱是我们在一起》《当哥哥真好》等，当幼儿了解到故事中的主人公有着和自己一样的烦恼时，会产生共鸣，更容易将绘本中的经验迁移到实际生活中，排解自己的不良情绪，尝试理解父母，接受"小宝"的出现。

4. 角色排解法

角色排解法是指幼儿在角色游戏中通过角色扮演，来达到预演生活或反映生活经验的目的，从而排解不良情绪的方法。角色游戏是幼儿喜欢的游戏活动，家长可以在家与幼儿玩一玩角色游戏，让幼儿在游戏中扮演哥哥姐姐，幼儿在尝试扮演哥哥姐姐照顾娃娃的过程中，

可以体验照顾"小宝"的成功感和满足感，从而排解实际生活中作为哥哥姐姐的焦虑不安心理。

5. 正面引导法

正面引导法是指采用正面强化的方式进行引导，可以帮助"大宝"正确排解内心焦虑等不良情绪。当家长遇到"大宝"和"小宝"产生冲突时，应先了解事情的起因经过等，再着手解决矛盾。在进行引导的时候用正面强化的方式进行疏导，让"大宝"知道爸爸妈妈是公平对待孩子们的，并没有不爱自己。需要注意的是，如果"小宝"要玩"大宝"的玩具时，家长要征询一下"大宝"的意见，并对"大宝"的决定表示尊重，而不能盲目地让"大宝"一味地让着"小宝"。

6. 共同呵护法

共同呵护法是指家长和幼儿园一起呵护幼儿成长，排解"大宝"的心理焦虑、不安等不良情绪。《3—6岁儿童学习与发展指南》指出："家庭、幼儿园和社会共同努力，为幼儿创设温暖、关爱、平等的家庭和集体生活氛围。"家园共育是幼儿园与家庭之间形成教育合力，达成教育的一致性，对幼儿实施科学的教育。幼儿园作为专业的教育机构，家长要充分利用这样的教育资源，在家庭教育中遇到问题要主动向幼儿园老师咨询，家园共同解决幼儿教育中的难题，共同呵护幼儿的健康成长。

五、工作总结

在二胎甚至三胎家庭越来越多的大背景下，作为教育工作者，在对待心理焦虑的"大宝"时，要能够和家长携手，用关心、爱心、耐心、细心、齐心等互通互联，倾听幼儿的心声，根据幼儿的心理特点进行分析，采取有效的策略，缓解"大宝"的心理焦虑，让每一名幼儿都能健康快乐地成长。

浙江省海宁市许村镇中心幼儿园 张静露

"让小班幼儿独立进餐"指导方案

一、问题描述

九月,新学期开始,我们迎来了新入园的小班,哭哭闹闹是由与家长分离产生的焦虑情绪导致的,我们有自己的办法慢慢引导幼儿适应幼儿园。但让我们头大的是到了进餐环节出现的各种问题,真可称得上是状况百出:有幼儿用手抓饭菜、有幼儿哭着喊着让喂饭、有幼儿把饭菜吃得到处都是、有幼儿甚者用饭菜相互"打仗"……凡此种种,教师用了各种各样的方法,虽然略显成效,但总不近如人意。每次的吃饭时间,是教室里最热闹的时候,归根结底就是因为幼儿不会独立进餐。尤其当幼儿在园进餐情况有所转好,而回到家中,又变成了家长喂饭时,这给我们带来了严重的困扰。出现此类情况是因为家长秉持着"让幼儿吃饱、吃好"是第一位的理念,但是忽略了幼儿作为社会人所必须的自理、自立能力的培养。

二、原因分析

影响幼儿独立进餐的主要因素是家庭因素,如家长的教育观念偏颇、缺乏科学的教养方式。具体体现在以下方面:

1.家长的教育观念偏颇

首先,家长过度爱护,认为只要幼儿吃好,全家人就会开心。因此,许多幼儿吃饭要喂,有些家长为了哄好幼儿一餐饭,要跟着走好

多路，或边喂边让幼儿看电视。却不知长期这样，幼儿的独立愿望会渐渐消失，养成依赖心理，从而导致发展迟缓。

其次，家长不相信幼儿，觉得幼儿年龄小，还没有独立吃饭的能力，认为幼儿到了一定年龄，自然而然地就能学会自己吃饭，现在不必急于让他们自己动手。因此，在这样的教育理念下成长的幼儿在家中一切需要自己动手的事几乎全由大人包办，使其在各方面的发展与其他幼儿相比都有明显的差距。

最后，有的家长怕麻烦，嫌幼儿动作慢，或吃得脏，便剥夺了幼儿独立进餐的权利。其实，由于幼儿小肌肉发展还不完善，自控能力差，手眼协调还不够，才会在一定时间段内产生这些"不良"结果。

2.家长缺乏科学的教养方式

班级中也有很多家长知道让幼儿学习独立吃饭是培养幼儿动手能力和独立能力的良好方式。但是，面对幼儿一次次的"不愿意""哭闹""耍赖""绝食"等抗议时，他们不知道该如何应对，往往会无奈地妥协。

还有一部分家长在培养幼儿的进餐习惯上有自己的一套方式方法，但往往效果不尽如人意。有的家长不了解幼儿进餐中存在的"障碍"，如有的幼儿可能因为饭菜不合口味而不愿吃饭，有的因为周围进餐环境太嘈杂而无心进餐，有的是因为没有掌握进餐的技巧，等等，这些情况都会直接影响幼儿独立进餐行为的养成。但有些家长常常未经调查就以主观的态度抹杀幼儿在进餐过程中的努力。久而久之，幼儿没有体验到自己动手的成就感，也就放弃了主动吃饭。有的家长教育方法太"直接"，当幼儿出现不好的进餐行为时，他们往往会不问青红皂白，直接以粗暴的态度对待，殊不知，这样做反而会造成幼儿的逆反心理，更不愿好好吃饭了。还有的家长使用某些未契合幼儿的能力和年龄特征的方法，比如，有一个家长为了让幼儿多吃青菜，便给他讲解农民伯伯种青菜的不易和青菜的生长过程，但是幼儿年龄小对这样的"口述"没有兴趣，也就谈不上教育的有效性了。

幼儿对周围环境有一种"习惯性"和"依赖性"，当他们在家庭环境中时，"习惯"会促使"饭来张口"；而当他们在"成人少、幼儿多"的幼儿园环境中时，环境的"暗示性"促使幼儿能够尝试自己进餐。同时，同伴间的相互作用（榜样学习、竞赛、自我服务的满足）又可以成为教师激励幼儿主动、独立进餐的良好资源。两种不同的教育方式没有形成教育的统一性，自然导致班里幼儿的进餐情况时好时坏，得不到彻底的改善。

三、工作目标

1. 通过一系列活动指导家长成为培养幼儿独立进餐的"第一导师"，帮助家长树立科学的教养观念。
2. 通过特定的活动帮助家长习得适宜的教养方式。
3. 结合科学的措施，带领家长巩固幼儿独立进餐的习惯。

四、工作措施

（一）帮助家长形成科学的教养观念

陈鹤琴先生说过："幼稚教育是一种很复杂的事情，不是幼稚园一方面能单独胜任的，必定要引导家庭配合，双方共同合作才能得到充分的功效。"因此，幼儿习惯的养成必须有家长的配合。《幼儿园教育指导纲要》中也强调了家庭配合的重要性："家庭是幼儿园重要的合作伙伴。应本着尊重、平等、合作的原则，争取家长的理解、支持和主动参与，并积极支持、帮助家长提高教育能力。"当务之急，教师应该指导家长用科学、有效的方法培养幼儿的良好进餐习惯，让家长充分认识到家庭教育的重要性，引导家长成为培养幼儿独立进餐的"第一导师"。

我们通过有目的、有计划的亲职教育引起家长的重视，并传授给他们科学、可行的指导方法。如我们精心策划的第一场亲职活动"如何让幼儿爱上吃饭"，希望通过活动使家长了解班级幼儿进餐现状，

与家长共同分析、了解影响幼儿独立进餐的因素，并探讨出如何培养幼儿独立进餐的方法，尤其强调家长除了要配合班级教师，同时也要注重在家培养幼儿独立进餐的良好习惯。活动后，不少家长结合班级的培养方法，引导幼儿在家里当"值日生"，给家庭成员分发碗筷，让幼儿体验享有分配权的成就；或者和幼儿一起比赛，第一个吃完饭的得五角星，家长可以故意"输"给幼儿，让幼儿在体验"赢"的快乐中不知不觉学习自己吃饭，当然家长也要掌握好分寸，不能盲目的"输"，否则会让幼儿形成错误的认知。

我们还通过家园栏的"父母茶座"，引导家长以文字的方式交流在培养幼儿独立进餐过程中遇到的困难和取得的收获，教师再加以一定的评论，以使资源共享。同时，教师也利用每周下发的"本周资料"和家园通信息平台及时向家长交流幼儿在园进餐的进步情况。通过这些活动，家长们逐步转变了观念，开始"放手"让幼儿独立进餐。

（二）帮助家长习得适宜的教养方式

《3—6岁儿童学习与发展指南》提出："要鼓励家长参与幼儿园课程建设与实施，要利用不同行业家长的专业和职业优势，协助幼儿园组织、参观和实践活动。"经验也告诉我们，只要利用得当，家长资源会成为我们教学的坚实支柱。

班里有两位爸爸是酒店的大厨，也有不少妈妈精通厨艺。所以，我们定期邀请这些家长利用工作优势和自身资源为班级幼儿组织形式多样、内容丰富的"编外教师"活动。如在《青菜萝卜营养好》这一主题中，我们请囡囡爸爸穿上厨师服、戴上厨师帽，来给幼儿介绍青菜萝卜的营养，展示萝卜雕花的绝活，并和教师一起组织幼儿做蔬菜拼盘。通过这一活动，很多原本不爱吃青菜萝卜的幼儿都愿意尝试了。又如，在《有趣的鲫鱼》主题中，我们请了乐乐妈妈和天天妈妈带着事先烹制好的"鲫鱼全席"来让幼儿品尝，香喷喷的红烧鲫鱼、鲫鱼豆腐汤、腊肉蒸鲫鱼不但让幼儿饱了口福，还让他们学到了如何不让鱼骨卡住喉咙的方法。这些不同于常规授课人员的活动方式给幼儿留下了深刻的印象，丰富多彩的"大厨进班"活动让不少挑食的幼儿开始改善饮食习惯。

每次"编外教师"活动后，我们都把活动过程、幼儿的表现及在日常进餐中的表现以图文结合的方式反馈给家长，引导他们在家庭中也注意观察影响幼儿进餐的原因，并尝试以各种游戏的方法进行有针对性的调整。有了这些活动的引领，家长们开始有意识地了解幼儿进餐过程中的"障碍"，并注意在家科学引导幼儿独立进餐。

（三）带领家长巩固幼儿独立进餐的习惯

1.逐步退位，激发主动性

教育过程是个内化和外化的过程，先由外而内，再由内而外。要想使良好的教育效果持续下去，就要注意在被教育者内化过程中的"外因退位"。这一原则在培养幼儿独立进餐的过程中也同样适用。

很多家长发现，当奖励措施使用一段时间后，收效会越来越差。比如一开始幼儿在"五角星"这一"增强物"的刺激下，会表现出很主动的状态，但持续一个星期后，再用"五角星"作为奖励的手段时，幼儿的主动性就会大大降低。

其实，这是幼儿对"增强物"的正常反应，所以，我们给家长的建议是：当幼儿自身有了一定的主动性后，这些"刺激"就要一点点退位（即增强消退），以保持幼儿的主观能动性。一方面是"成人因素退位"，就是成人的语言、手势、眼神等要从不间断、夸张的表扬、逐步过渡到次数减少、动作幅度减小、关注度降低等。另一方面是"奖励措施退位"，就是各种作为奖励的"增强物"要从物质到精神、从大到小、从强到弱，并且奖励的间隔时间要延长。比如当幼儿能自己吃饭的时候，第一周是每天送一小盒巧克力，第二周可以改成每天送贴贴纸，第三周可以隔天送贴贴纸，以此类推。当然，具体实施过程中的"退位"要根据幼儿自身的兴趣和能力来操作。

2.长期跟进，巩固好习惯

当然，幼儿园积极与家庭配合也是非常重要的一方面。所以，我

们以周为单位设计了一份"家庭进餐评价表",让家长每天把幼儿的进餐情况直观呈现在表格上。同时,教师定期检查,把每个幼儿的进餐现状在全班面前做介绍、总结。这样做的好处是:一方面由于表格隐性地体现了教师的"威信",所以在一定程度上对幼儿有制约作用。另一方面是这样定期的评价可以让幼儿了解自己和同伴的进餐现状,从而促使同伴间相互学习。

五、工作总结

幼儿期是一个人行为习惯形成的关键期,"进餐"这一看似微小的活动却和许多能力发展有关。独立进餐行为的养成有助于推动幼儿语言能力的发展、养成自我服务的意识、形成健康的体魄,进而为幼儿终生习惯的发展奠定良好基础。所以,家长要做一个有心人,重视家庭教育的作用,在幼儿园教师的指导下积极提升自己的家庭教育能力,让幼儿在科学、民主的家庭环境中快乐健康地成长。

浙江省绍兴市柯桥区华舍兴越幼儿园　王鑫美

"巧妙应对幼儿生活中的提问"指导方案

一、问题描述

幼儿对世界充满好奇,总是喜欢问"为什么",对于幼儿这样的好奇心,家长应该给予肯定、鼓励、引导,切忌用拖延、敷衍、回避等方式来回应,让幼儿失去思考问题的热情。面对幼儿的"十万个为什么",家长需要有足够的知识储备,需要掌握一定的技巧来引导幼儿,充分满足幼儿的好奇心。然而在生活中,家长由于忙于工作或家庭琐事,常常自己都是焦头烂额,面对幼儿的"为什么"时就会疲于应付,没有耐心回应幼儿,常常会表现为敷衍了事、信口作答,这样不仅不利于幼儿思考能力的发展,还会扼杀幼儿好奇好问的探索欲,这一点需要家长引起重视。

二、原因分析

面对幼儿的"十万个为什么",家长之所以敷衍了事、信口作答,一是对幼儿教育的不重视,更加反映了家庭教育的缺失,没有意识到自己的行为会对幼儿的发展产生什么影响。幼儿虽然小,但他们是能感觉到家长对他们的态度的,家长的敷衍会让幼儿渐渐失去提问的热情,也会对他们的好奇心和求知欲产生不利影响。家长切忌信口作答,因为家长在幼儿心中的形象是高大的、可信任的,幼儿会对家长的答案深信不疑,家长信口作答的错误答案会让幼儿当成真理去记。

这样的错误观念，会影响幼儿是非观的发展，而且一旦幼儿发现家长欺骗了自己，就会严重影响家长在幼儿心里的正面形象，对幼儿个性的发展也很不利。

三、工作目标

1.向家长宣传家庭教育的重要性，树立科学的家庭教育观念，正确、客观地面对幼儿的"十万个为什么"，端正自己的态度。

2.引导家长学习一些常见的科普小常识，能够灵活自如地应对幼儿的提问。

3.多途径指导家长掌握一些引导幼儿解决问题的方法，提高教育能力。

四、工作措施

家长遇到的问题非常普遍，其实有时候老师也会遇到类似的问题，我们要做的就是不断地学习，与时俱进，教学相长，有时候甚至需要向幼儿学习。那么作为教师，如何来帮助家长解决困惑呢？我制定了以下指导措施：

（一）向家长宣传家庭教育的重要性

父母是幼儿的第一任老师，幼儿与父母相处的时间最长，家庭教育作为幼儿成长过程中的重要一环，对于幼儿的性格、行为习惯、情绪稳定、适应环境能力、价值观的形成等各方面的发展都起着至关重要的作用，家长一定要重视对幼儿的家庭教育，树立自主学习的意识，以不断提高自己的家庭教育能力为目标，能够为幼儿创造一个良好的成长环境，引导幼儿身心和谐、健康成长。

（二）面对幼儿的"十万个为什么"家长要端正态度

面对幼儿的"十万个为什么"，家长应该感到欣慰，说明幼儿有好奇心、爱思考、有求知欲，需要很多新知识来充实自己的大脑，具有探索和质疑精神。幼儿提出的问题越多，他认识周围的事物也就越多，认知水平也会逐渐提高。要培养幼儿的思维能力，就要教会幼儿思考。思维能力是学习能力的核心，思维以丰富的知识为基础，知识越广博，就会为思维活动提供越多的原材料。面对幼儿的"十万个为什么"，家长一定要慎重作答，并且要认真对待。

（三）家长要学习足够的科普知识

这里讲到的科普知识，并不是说家长应该掌握许许多多深奥的科学知识，一方面家长的精力有限，一般工薪阶层的家庭除了上班还要忙于家庭事务，没有足够的时间和精力来学习；另一方面家长的能力也有限，并不是所有的家长都是高学历，不具备做过深研究的能力。我们这里的科普知识，主要就是一些常见的、浅显的科普小常识，如黄瓜为什么是绿的却叫它黄瓜、恐龙为什么会灭绝、河水为什么会流动、苹果熟了为什么会掉落、天空为什么是蓝的、下雨后为什么会出现彩虹、人为什么需要喝水、地球为什么不是方的、一天为什么有24小时，等等。这些都属于基本的科普小常识，但是很容易激发幼儿的好奇心，幼儿就会问东问西，喜欢发问，家长如果不了解这些小科普知识就不能很好地回答幼儿的问题，所以可以主动去学习或者购买一些不同版本的《十万个为什么》来读，或者翻看一些科普文章、科普小视频，这些都是很好的学习途径。

（四）家长要掌握一定的引导技巧

1.耐心夸赞，让幼儿养成勤学好问的习惯

当幼儿问问题时，家长要用积极的态度夸赞幼儿爱提问，因为这样可以让幼儿觉得自己问问题是件值得表扬的事情，有助于幼儿更加主动地动脑筋思考，并且问出更有质量的问题。

2.虚心承认自己不会，和幼儿一起找答案

当幼儿问问题，家长不知道怎么回答时，千万不要信口开河，这样会误导幼儿，给幼儿带来错误的判断。家长可以跟幼儿说这个问题自己也不太会，不知道怎么回答，但这样并没有结束，因为问题并没

 幼儿园家庭教育指导方案精选30例

有解决，以后幼儿遇到这样的问题还是会有疑惑，或者容易让幼儿养成不会就放弃的学习态度。所以，家长即使不知道答案也要积极想办法解决问题，这个时候可以放下面子，积极邀请幼儿一起寻找答案，这样不仅利于解决问题，也利于保护幼儿的好奇好问之心，同时也培养了幼儿遇到问题会积极解决的学习态度。

3.用心启发，让幼儿自主寻找答案

启发幼儿自己探索答案是锻炼幼儿逻辑思维的好时机，可以帮助幼儿养成遇到问题独立想办法解决的习惯。家长根据自己对幼儿的了解，可以鼓励幼儿自主学习，例如让幼儿看图书、观看科普节目等并从中寻找答案。让幼儿找到答案后讲给家长听，家长也可反问幼儿一些"为什么"。让幼儿感受到思考的成就感，成就感可以促进思维的提升。

4.细心举一反三，让幼儿学会联想

幼儿的思维简单，很难触类旁通。因此，家长要注意引导幼儿学会联想，以减少同类问题的反复提出。例如小猫为什么要吃奶？我们不仅要回答他的"为什么"，还要告诉他"狗、羊、牛等同类哺乳动物也是一样的"，这样既开阔了幼儿的思路，又加深了幼儿对问题的理解。

5.注意请教老师，保持及时的家园沟通

有时候幼儿问的问题具有探讨和深挖的价值，通过判断家长可以将幼儿的问题反馈给班级教师，虚心请教。教师根据自己的经验以及专业的判断，可以将这些转化为以问题为导向的班本课程，满足幼儿好奇心的同时，让一个幼儿的兴趣带动班级幼儿的兴趣，让班级的幼儿一起来探寻、探究共同解决问题。如灿灿在小区看到一只蚂蚱，他问爸爸蚂蚱吃什么，爸爸上网查了资料后知道蚂蚱可以吃好多的食物，灿灿对蚂蚱的兴趣特别浓厚，整天追着爸爸问各种问题，灿灿爸爸回答不了那么多问题，于是联系班级老师，建议能否把蚂蚱带到幼儿园和小朋友一起来喂养，教师同意了。蚂蚱成为班级自然角里的小

112

客人，幼儿们天天围着蚂蚱讨论、观察、探究。教师也趁机以幼儿们的问题为导向开展了一系列活动，如蚂蚱吃什么、蚂蚱住在哪儿、蚂蚱为什么会死、蚂蚱是益虫还是害虫、蚂蚱产卵啦……这些活动不是教师设计出来的，而是幼儿在与材料、问题互动中一次次产生出来的。这样，不仅帮家长解决了问题，而且让问题得以继续深入，幼儿的好奇心得到了满足，幼儿的探究欲望得以延续。

五、工作总结

"幼儿有一百种语言，一百双手，一百个想法，一百种思考、游戏、说话的方式；一百种倾听、惊奇、爱的方式；一百种歌唱与了解的喜悦。"每个幼儿的精神世界都是一本独一无二的、非常耐读又不易读懂的书，需要家长用耐心、用智慧去解读。只有以幼儿的眼光关注他所关注的东西，深入探索幼儿的精神世界，才能帮助幼儿。

招架幼儿的"十万个为什么"是一项既有挑战性又有乐趣的任务，通过耐心、理解、引导，家长可以帮助幼儿建立积极的探索意识，培养好奇心，助力他们在好奇与求知的路上不断成长。

江苏省苏州高新区新升幼儿园　葛彩红

 幼儿园家庭教育指导方案精选30例

"家庭亲子阅读技巧"指导方案

一、问题描述

有一种陪伴,叫"亲子阅读"。亲子阅读的含义,可能对于一些家长来说,是父母和幼儿共同阅读一本书,然而对于幼儿来说,亲子阅读不仅是跟爸爸妈妈在一起的幸福时光,也是让幼儿爱上阅读的智慧锦囊,内心想法得以照亮后的心灵悦享。

毕淑敏曾说,让幼儿爱上阅读,必将成为这一生最划算的教育投资。让幼儿坚持阅读,总有一天会开出最美的那朵花。越来越多的家庭认识到亲子阅读的重要性,那么怎样立足儿童视角,有效开展家庭亲子阅读活动,在幼儿心中种下一颗"阅读的种子"呢?这一问题深受家长们的重视,不少家长为此多次向班级教师咨询,这让我们意识到对家长进行家庭亲子阅读指导的迫切性。

二、原因分析

大部分家长认识到亲子阅读能够有效增进亲子感情、促进幼儿发展,对亲子阅读很重视,但由于缺乏技巧,常常使亲子阅读流于形式。比如在进行亲子阅读时,幼儿的注意力时常会被其他事物吸引,无法继续专心阅读,导致家长唱"独角戏",即家长念、幼儿听,幼儿的参与感较低。部分家长喜欢进行封闭式提问,如"是不是""对不对""好不好"等,幼儿可能并未理解问题的真正含义,但会下意

识地回答"是""对""好",这会导致幼儿逐渐丧失阅读兴趣。

家长除了要为幼儿营造一个安静、舒适的阅读环境,还应与幼儿达成亲子阅读的共识,并掌握一定的技巧,能够正确引领幼儿亲子阅读,以培养幼儿的阅读兴趣,并在阅读中提高各方面能力。作为幼儿园老师,也要重视对家长开展亲子阅读的技巧做具体的指导,帮助家长掌握一定的指导方法,使每次亲子阅读的开展都有意义。

三、工作目标

1.为家长提供一系列提高亲子阅读的技巧与方法,帮助家长提高指导幼儿阅读的能力。

2.通过开展亲子阅读,提高家长科学育儿的能力,同时培养幼儿良好的阅读习惯。

四、工作措施

(一) 为幼儿挑选适宜的图书

1.根据幼儿的年龄选择绘本

根据幼儿年龄特点,小班的幼儿可以选择单页单幅、故事短小的图书;书的印刷要清晰优美,图案的色彩要鲜艳、亮丽,动物和人物要大、有趣、形象;书的内容要是以儿童的生活范围为主题的童话故事,文字口语化且语句重复,便于和幼儿产生互动。

中、大班的幼儿可以选择单页多幅图和文字结合的书;内容可选择传记等故事情节具有时间延展的、科学类、智力类和幻想类的图书,以满足幼儿想象力的充分发挥。

2.根据幼儿的兴趣选择绘本

家长可以根据以下幼儿的表现来判断:当幼儿走近书柜(无论商店或是家里)时,他是否径直走向某个特定的书架?如果有,家长可以仔细观察,幼儿选择的书是科普类的还是故事类的比较多,哪类书选择得多,就说明他对这类书比较感兴趣。对于幼儿喜爱的类型,家

长可以适当地多让幼儿阅读,这样有助于培养幼儿对阅读的热爱。

3. 根据绘画风格选择绘本

不同绘本的绘画风格有很大差别,有的颜色鲜艳、线条明快,有的绘本画风略显沉闷,家长可以根据幼儿的性格特点选择恰当的绘本。

4. 多选择经典绘本进行亲子阅读

对于没什么绘本阅读经验的家长来说,可以选择经典绘本,幼儿喜欢的概率要大一些,经典之所以成为经典,一定是有理由的。

(二)与幼儿按序逐步阅读

引导幼儿有顺序的"读",应让幼儿观察图书的结构,知道每一本图书都有封面、扉页、内文、封底等,引导幼儿按顺序逐一阅读,具体可参考以下方法:

1. 读封面

拿起一本书,首先映入眼帘的就是封面。封面是我们对书进行信息预测的重要来源,家长可以引导幼儿捕捉封面的信息,大胆猜测故事内容,引发幼儿的兴趣。比如阅读绘本《狐狸爸爸鸭儿子》时,可以引导幼儿观察封面上狐狸爸爸顶着鸭蛋的可爱模样,一下子就激发了幼儿的阅读兴趣。

2. 读扉页

扉页上面会再次印有书名、作者名字、出版社等信息。扉页上有时会呈现一些关键信息,如可能是正文中的某个关键人物,也可能是与书中内容息息相关的关键点,抑或是一个简单的信号、破解谜底的线索……总之,扉页的作用不可忽视,其中包含着大量的伏笔与暗示。如绘本《母鸡萝丝去散步》的扉页是母鸡萝丝的散步路线和场景,就是很好的线索。

3. 读正文

正文即绘本的主体,从儿童的视角看绘本,幼儿更加关注图像信息,家长可以引导幼儿读图像的外显信息,如线条、造型、色彩、明暗实感（肌理）、空间、视角、艺术风格，来读懂画面。如绘本《菲菲生气了》，在菲菲非常非常生气的画面采用了红色的背景，让人联想到了即将爆发的火山，来映射菲菲气极了。又如绘本《快乐的一天》，整本书都是黑白素描，唯有最后一个画面的中央出现了一朵鲜黄耀眼的小黄花，画面太出人意料了，黄色又是纯色、亮色，它一下就从黑白画面中跳了出来，牢牢地抓住了幼儿的视线。

合上一本书时，书里的故事就已经讲完了吗？有时是这样的，然而，也有时不是这样的。还可以根据绘本的内容进行创编故事、绘画、交流阅读感想，等等。

（三）创设阅读环境

一个温馨舒适的阅读环境能激发幼儿阅读的兴趣，使幼儿产生主动阅读的愿望。家长在家中应留一个属于幼儿自己的舒适惬意又童趣化的阅读空间，可以是一个相对独立、光线充足、安静而又舒适温馨的一角。

家长可以和幼儿一起设计布置阅读环境，让幼儿选择自己喜欢的卡通图案来装饰空间，选择自己喜欢的地毯铺在地上，放置一个高度适宜幼儿随意选取书籍的书柜，准备几个颜色柔和又柔软的靠垫，以便幼儿和家长阅读时可以舒适地靠在上面。

家长和幼儿阅读时，如果是年龄小的小班幼儿，家长可以把他抱在胸前，中大班幼儿可以让他们坐在旁边。家长要注意用手抚摸幼儿的手或头，用轻声的言语和深切的眼神，让幼儿感受到深深的爱，产生一种安全感和亲切感，对阅读活动本身也会更容易产生兴趣，让幼儿觉得亲子阅读是一件有价值而温暖的事情。

家长还可以和幼儿一起设计一张阅读记录表，每天最好固定有半小时左右的亲子阅读时间，可以是睡觉前或是晚饭后，一定要保持好这样的习惯，让幼儿形成阅读是一定要做的事情的认知。在亲子阅读过程中，也要注意让幼儿用符号、简单的文字、图画等来记录每天阅读的内容和一些收获，来不断充实阅读记录表的内容，一段时间后回

看记录满满的记录表，幼儿会获得满足感，体验到成就感。

（四）多途径开展亲子阅读

亲子阅读的过程中，家长可以根据不同的读本采取相应的提问方式及阅读方法。通过引导幼儿观察图片的色彩、形状、文字，配合适当的讲解来帮助幼儿理解，主要是帮助幼儿获得观察的技巧和阅读的方法。家长尽量以追问的方式，提一些开放性的问题，拓展幼儿思维，而不是急于告诉幼儿答案。

1.同向阅读法

同向阅读法是指家长和幼儿一起阅读图书，对年龄小的幼儿，这是一种较好的亲子阅读方法。家长可以反复阅读：第一遍，家长让幼儿边看图画边读故事给幼儿听，让幼儿初步感受故事内容和图案的美丽；第二遍，家长可以让幼儿接句，家长讲前半句，幼儿接后半句，让幼儿感受语言的魅力；第三遍，家长可以向幼儿提一些问题或引导幼儿提出简单的问题，发展幼儿的语言组织能力和拓展幼儿想象的空间。在讲故事的过程中，家长一定要绘声绘色，可以模仿一下故事中的动物、人物的语气、动作，并要求幼儿一起参与，及时对幼儿的一些行为进行表扬，幼儿会对阅读越来越感兴趣。

2.置后阅读法

置后阅读法是把观察、思考、表述置前，阅读置后的一种方法。这种方法适合中大班幼儿。家长可以先让幼儿初步感知图上的内容，自己理解后编故事讲给父母听，家长要及时给予肯定和鼓励，发现讲述中的闪光点，让他们体验喜悦，树立信心。如在阅读绘本《逃家小兔》时，首先可以和幼儿一起看图书的封面，让幼儿知道这本书的名字叫什么，里面有很精彩的故事，幼儿一页页边看画面边编故事。在幼儿编完后，家长可根据书的内容用提问的方式引导幼儿观察画面中的细节，鼓励幼儿用自己的语言描述出来，让故事更生动，进一步提高幼儿自主阅读的能力。

3.游戏阅读法

在亲子阅读中,家长可以准备一些可进行故事表演的材料,如纱巾、布娃娃、毛绒玩具等,让它们成为故事中的角色。阅读时,家长可以和幼儿进行角色表演,让幼儿在表演中重温阅读内容。

4.角色扮演法

角色扮演法就是家长和幼儿以作品中出现的人物、情景和场景为基础,分别扮演不同的角色,通过对话、动作、表情再现故事内容。家长在读的时候可以用不同的嗓音和语调读出不同的人物与场景。

5.独立阅读法

独立阅读法就是让幼儿独立翻阅图书,是一个相对放松的阅读方法。家长的任务是根据幼儿的需要提供材料,激发幼儿的阅读兴趣,而不过多干扰幼儿的阅读,以培养幼儿自主阅读的习惯。

6.讨论交流法

讨论交流法就是家长与幼儿就阅读内容展开讨论,交流想法,以此来扩大幼儿的知识面和想象空间,从而促进幼儿语言和思维的发展。

五、工作总结

通过一系列措施,家长进一步提高了认知,并掌握了一些亲子阅读技能,能够科学、合理地对幼儿实施教育,让亲子阅读的价值得以彰显。一本本绘本,犹如一粒粒幸福的种子,静静播撒在幼儿的心田,在幼儿心底绽放出美丽的花朵,也愿亲子阅读带领家长和幼儿共同学习、共同成长,让书香浸染在家庭生活的每一个角落,让墨韵伴随着幼儿成长的每一个片段。

江苏省张家港市万红幼儿园 徐夕蕊

 幼儿园家庭教育指导方案精选30例

"优化亲子阅读策略"指导方案

一、问题描述

随着社会对教育质量的日益重视，教育理念的持续更新为幼儿教育领域带来了深刻的变革。在这一背景下，幼儿园家园共育教育模式凭借其独特的优势，逐渐成为了推动幼儿全面发展的关键力量。该模式强调家庭与幼儿园之间的紧密合作，共同为幼儿的成长营造和谐、积极的环境。亲子阅读，作为这一合作中的重要纽带，其重要性不言而喻。它不仅是培养幼儿良好阅读习惯和兴趣的有效途径，也是增进亲子间情感交流、加深彼此理解的桥梁。在亲子共读的过程中，家长与幼儿共同探索书中的世界，分享阅读的喜悦与感悟，这种亲密无间的互动无疑为家庭和谐增添了温馨的色彩。然而，在实践中，我们发现家长在亲子阅读的过程中参与度不足、家庭阅读材料选择不当及指导幼儿阅读的方法单一等一系列问题，针对这些问题，我们尤其重视。

二、原因分析

经过深入分析，我们发现问题主要体现在以下方面：

1.家长参与度不足

这一现象的产生，往往源于多重因素的交织影响。一方面，现代生活节奏的加快使得许多家长深陷繁忙的工作之中，难以抽出足够的时间陪伴幼儿进行亲子阅读。即便家长有心参与，也常常因精力有限

而力不从心，无法给予幼儿足够的关注与引导。另一方面，部分家长对于亲子阅读的重要性认识不足，将其视为可有可无的课外活动，而非促进幼儿全面发展的重要手段。他们可能更关注幼儿的学习成绩或其他技能的培养，而忽视了阅读在幼儿成长过程中的独特价值。这种认知上的偏差，进一步削弱了家长参与亲子阅读的积极性与主动性。因此，提高家长对亲子阅读重要性的认识，增强他们的参与意愿与能力，成为解决家长参与度不足的关键。幼儿园要通过多种途径，如家长会、工作坊、宣传资料等，向家长普及亲子阅读的意义与方法，激发他们的参与热情，共同为幼儿的成长撑起一片阅读的蓝天。

2.阅读材料选择不当

阅读材料选择不当是亲子阅读过程中一个亟待解决的问题。部分家长在挑选阅读材料时，往往缺乏科学的指导原则，仅凭个人喜好或市场热销程度来做出决定。这种盲目追求阅读数量的做法，往往导致阅读材料的质量参差不齐，难以真正满足幼儿多样化的阅读需求。

幼儿处于认知发展的关键期，他们对世界的认知主要通过感官体验来实现。因此，阅读材料的选择应充分考虑幼儿的年龄特点、兴趣偏好及认知发展水平。适宜的阅读材料应当内容丰富、形式多样，既能够激发幼儿的好奇心与探索欲，又能够引导他们逐步建立起对世界的正确认知。然而，现实中部分家长却忽视了这一点，将大量不适合幼儿年龄段的书籍堆砌在幼儿面前，结果不仅未能达到预期的阅读效果，反而可能对幼儿的阅读兴趣和能力产生负面影响。因此，幼儿园应加强对家长的指导与培训，帮助他们掌握科学的阅读材料选择方法，共同为幼儿的阅读之路点亮明灯。

3.指导幼儿阅读的方法单一

指导幼儿阅读的方法单一这一问题在亲子阅读中尤为突出，它限制了阅读本身应有的丰富性和教育价值。具体而言，部分家长在进行亲子阅读时，往往局限于传统的朗读方式，即家长单方面朗读文字，幼儿被动地倾听。这种单一的指导方法，忽视了阅读过程中的互动性

和创造性，难以有效吸引幼儿的注意力，更无法充分激发幼儿的阅读兴趣和想象力。

亲子阅读本应是一个充满乐趣和发现的过程，家长应扮演引导者和陪伴者的角色，通过多样化的指导方法，与幼儿共同探索书中的奇妙世界。然而，由于指导方法的单一，许多家长未能有效利用提问、讨论、角色扮演等多种手段来引导幼儿深入理解故事内容，未能很好地培养幼儿的思维能力、语言表达能力和创造力。这不仅限制了亲子阅读的效果，也错过了促进幼儿全面发展的宝贵机会。因此，如何丰富亲子阅读的指导方法，成为了一个亟待解决的问题。

三、工作目标

1.宣传亲子阅读的重要性，提高家长的教育观念，增强家长参与亲子阅读的意识。

2.聚焦亲子阅读指导，探索其背后的有效机制与策略，为家长提供科学、实用的指导方法，促进幼儿在阅读中成长。

四、工作措施

（一）增强家长参与度

为了有效解决家长在亲子阅读中的参与度不足及认识不足的问题，我们采取了一系列积极策略。

首先，我们定期举办丰富多彩的亲子阅读活动，如亲子故事会、阅读角体验日等，诚挚邀请家长参与其中，与幼儿共同享受阅读的乐趣。在活动中，家长不仅能亲眼见证阅读对幼儿成长的积极影响，还能通过与其他家庭的交流，分享各自的阅读心得与体会，从而深刻认识到亲子阅读的重要性。

其次，我们充分利用家长会、家长群等沟通平台，搭建起家园共育的桥梁。通过定期发布阅读推荐、分享优秀阅读资源、组织线上阅读讨论等方式，加强家园之间的紧密联系，鼓励家长踊跃分享自己的阅读经验和成果，形成积极向上的阅读氛围。这种持续的互动与交流，不仅能够促进家长对亲子阅读理念的深入理解，还能够激发他们参与亲子阅读活动的热情与积极性。

此外，我们还开展了"阅读之星"评选等激励性活动，为在亲子阅读方面表现突出的家庭颁发荣誉证书或奖品，以此表彰他们的努力与成果。这样的活动不仅能够增强家长的荣誉感和成就感，还能够进一步激发他们参与亲子阅读的内在动力，形成良性循环，共同推动幼儿的全面发展。

（二）优化阅读材料选择

为了优化阅读材料的选择，我们采取了一系列综合策略，以确保幼儿能够接触到既科学又丰富的阅读资源。

首先，我们精心编制一份科学、系统的阅读材料推荐清单，这份清单基于幼儿心理学、教育学等专业理论，充分考虑幼儿的年龄特征、兴趣爱好以及认知发展水平，为家长提供明确、实用的选书指南。通过这份清单，家长能够更加精准地挑选出适合幼儿阅读的书籍，避免盲目性和随意性。

其次，我们加强与图书馆、出版社等专业机构的合作，共同引入更多优质的绘本和图书资源。这些资源涵盖了不同主题、不同风格、不同文化背景的优秀作品，以满足幼儿多样化的阅读需求。通过与专业机构的合作，幼儿园不仅能够获取到最新、最全面的阅读资讯，还能确保阅读材料的权威性和教育性。

最后，我们鼓励家长和幼儿共同参与图书选择的过程。在这个过程中，家长可以引导幼儿表达自己的阅读偏好和兴趣点，让幼儿在挑选过程中感受到阅读的乐趣和自主性。这种参与式选择不仅能够增强幼儿的阅读兴趣和动力，还能够培养他们的选择能力和决策能力，为未来的学习和生活打下坚实的基础。

(三)丰富指导方法

为了进一步丰富亲子阅读的指导方法,我们采取多元化的策略来增强家长的指导能力并提升亲子阅读的质量。

首先,我们定期组织专业的亲子阅读指导培训,邀请儿童教育专家或资深教师为家长传授科学的阅读指导方法和技巧。这些培训可以涵盖不同年龄段幼儿的阅读特点、阅读材料的选择原则、阅读过程中的互动技巧等内容,帮助家长建立起系统的阅读指导知识体系,从而更好地陪伴幼儿进行阅读。

其次,我们积极推广"互动式阅读"理念,鼓励家长在阅读过程中与幼儿进行更多的互动问答、角色扮演等活动。这些活动不仅能够增强亲子间的情感交流,还能够有效激发幼儿的想象力和创造力,使他们在阅读中获得更加丰富、深刻的体验。通过互动式阅读,幼儿将不再是被动接受信息的角色,而是成为阅读过程中的积极参与者,主动探索和思考书中的内容。

最后,我们充分利用多媒体教学设备等现代科技手段,为幼儿提供更加生动有趣的阅读体验。例如,利用投影仪播放精美的绘本插图、动画短片或配乐朗读等,将传统的纸质阅读与现代科技相结合,使阅读活动更加丰富多彩。这样的阅读体验不仅能够吸引幼儿的注意力,提高他们的阅读兴趣,还能够在潜移默化中培养他们的信息素养和多媒体应用能力。这种方法深受幼儿喜爱,我们把这些经验形成文本发送给家长,并附加一些比较成功的案例,期望家长也能够充分利用现代科技的手段增强亲子阅读的体验感。

五、工作总结

针对发现的问题,我们实施了一系列措施,显著提升了亲子阅读的整体效能。具体而言,强化家长参与、精心挑选阅读材料以及创新指导方法等措施,共同构筑了一个高效、互动的亲子阅读环境，不仅促进了幼儿语言能力的飞跃与认知能力的深化，还加深了亲子间的情感纽带，为幼儿的身心健康发展奠定了坚实的基础。

  展望未来，我们将持续深化理论研究与实践探索，不断创新亲子阅读的指导策略，融合更多元化的教育资源与手段，以更加贴合幼儿发展需求的方式推动亲子阅读的开展。同时，家长作为幼儿成长道路上的重要伙伴，也应积极响应幼儿园的倡导，提升对亲子阅读价值的认识，主动投身于这一充满爱与智慧的活动之中，与幼儿共读、共思、共成长，让阅读成为家庭生活中不可或缺的一部分，共同编织属于彼此的温馨记忆与美好未来。

广东省深圳市大鹏新区葵涌中心幼儿园　黄建萍

 幼儿园家庭教育指导方案精选30例

"家庭中的幼小衔接"指导方案

一、问题描述

大班幼儿面临着幼小衔接，幼小衔接就是幼儿从幼儿园向小学过渡之间的衔接，是幼儿结束以游戏为主的学龄前生活，走上以学习为主的正规学习生活的过渡。幼儿园教育与小学教育有着本质的区别，在学习任务、学习形式、学习内容、学习要求等方面都存在一定的差异性。面对大班幼儿的幼小衔接，不少家长表现出了他们的焦虑，盲目地对幼儿提要求，甚至学习小学化的内容，不但没有很好地帮助到幼儿，而且还起到了反作用。

二、原因分析

家长的盲目衔接，一方面反映了对幼小衔接的错误认知，另一方面也有跟风因素，看到邻居家的孩子努力学习，自己就不淡定了。防止幼儿教育"小学化"倾向，并不是要割裂幼儿教育与小学教育的联系，关键是抓好科学衔接。

为了能让幼儿较好地顺应未来小学的学习生活，幼儿园会通过一系列有计划、有目的、循序渐进的教育过程，对幼儿进行入学前的生理和心理帮助，为他们能适应小学的学习生活奠定良好的身心基础。但是幼小衔接仅在幼儿园教育中受到重视是远远不够的，更多地需要家庭教育的参与，家园合力才能收到更好的教育效果。怎样科学地

"幼小衔接"应是幼儿园和家庭共同关注的话题，如何帮助幼儿顺利从幼儿园过渡到小学，是家园共同的目标。

家庭不仅要科学认识幼小衔接、学习幼小衔接知识，幼儿园方面也要发挥对家庭的指导作用，因为相对于幼儿园教育来说，家庭教育有其独到的优势。家庭教育几乎是一对一进行的，这就使得教育力量更加集中，教育优势更加明显，更适合个别教育的展开。因此在家庭中进行幼小衔接教育更值得重视。

三、工作目标

1.梳理幼小衔接指导策略，帮助家长提高在家教育幼儿的能力。

2.通过学习科学的幼小衔接策略，提高家长科学育儿的意识与能力，懂得尊重幼儿的身心发展特点，愿意倾听幼儿的想法，为幼儿营造自主、民主、温馨的生活与学习环境。

四、工作措施

（一）情感衔接——激发幼儿对小学的向往之情

幼儿在进入小学前，既有对小学生活的向往，为马上成为小学生而感到兴奋，同时也担心上了小学后老师要求严、受拘束、有作业任务，并因此产生畏难心理。家长要注意保护和放大幼儿对小学的向往，让幼儿在兴奋与期待中憧憬小学生活。

在日常生活中，家长要细心观察幼儿的情绪和心态，和幼儿一起，以满腔热情来迎接他们的新生活。比如，家长可以带着幼儿去挑选幼儿喜欢的书包及文具，然后用羡慕的口吻说："马上就要成为一名小学生了，真了不起呢。"让幼儿产生成为一名小学生的光荣感、自豪感。再如，利用节假日或散步的机会，带着幼儿到小学校园转一转，熟悉熟悉环境，观察小学的学校布局，让幼儿说说小学与幼儿园有什么不一样，在闲聊中帮助幼儿放松自己，来培养幼儿对学校的向往之情和渴望获得知识的热情。

需要注意的是，家长千万不要随便吓唬幼儿，恐吓的语言会使幼儿未入学校就产生恐惧感，形成心理障碍。

（二）作息衔接——适当改变幼儿的作息制度

幼儿园和小学在作息时间上存在着很大的差异，如幼儿园每天早上入园的时间是很宽松的，一般在7:30—8:30；但到了小学，小学生必须在规定的时间内到校。在教学时间的安排上，大班一次活动是在25—30分钟，而到了小学每一节课的时间是45分钟。还有午睡方面的差异，在幼儿园一般都能保证充足的午睡时间，而到了小学可能就没有统一的午睡时间了。这种种差异必然会让幼儿产生许多不适应，家长在作息时间上要帮助幼儿做好上小学的准备。比如，我们对幼儿来园时间作出的调整，就是从大班第二学期将会请家长配合务必让幼儿8:00前来园。为强化幼儿准时来园的行为，我们也有一些做法：①在幼儿来园后引导他们对照活动室内钟表显示的时间，在"来园时钟"记录单上做好记录；②每周评选"遵守时间的小明星"，被评选上的幼儿会获得一些小奖励。通过这些活动可以使幼儿逐渐形成准时来园的好习惯。

在家庭中，家长除督促幼儿按时休息、按时起床外，也可以与幼儿一起制定一个作息时间表，然后与幼儿一起有计划地执行，有效协调时间。为了培养幼儿的自主性，家长可以为幼儿提供一个小闹钟，让幼儿自己定时间按时睡觉、按时起床，或者让幼儿按着时间表自己督促自己做事。

（三）"意识"衔接——培养幼儿的任务意识

幼儿心理学表明：4—5岁的幼儿已经具备完成指定任务的能力。因此，在幼儿入园初期，我们就有意识地在区域活动中培养幼儿的任务意识，幼儿在区域游戏时可以采取自选的方式自己安排自己的活动，做活动的主人。

我们还通过值日生制度来安排幼儿做小任务，让幼儿养成按时完成小任务的好习惯。家长也要注意对幼儿任务意识的培养，不娇惯和过度保护幼儿，让幼儿在家做力所能及的事。或者有意识地交给幼儿一些任务，如让幼儿参与家务劳动，这样能够很好地培养幼儿的任务意识，同时对培养幼儿的劳动意识以及家庭责任感具有很好的促进作用。

除了安排幼儿做小任务，家长也要从其他方面入手培养幼儿的任务意识和责任心，例如：①鼓励幼儿独立思考，允许他们表达自己的观点和看法，有利于幼儿责任心的培养。②耐心指导幼儿做事，以鼓励、表扬、奖励等方式对幼儿进行积极的评价。③鼓励幼儿做事情要有始有终，以便培养幼儿持之以恒、认真负责的好习惯。④确定合理的责任目标和计划，家长与幼儿一起执行，幼儿做错了事鼓励幼儿勇敢地承担责任。

（四）习惯衔接——帮助幼儿养成良好的学习习惯

幼儿的生活与学习有一半的时间是在家庭中度过的，尤其在亲人的关心、爱护、指导、鼓励、教育和共同活动的影响下能够得到更好的发展。为了巩固幼儿良好的学习习惯，我们建议家长在家庭教育中做出以下尝试：

1. 亲子新闻快递活动

坚持不懈，每天让幼儿按时看新闻，然后利用一点儿时间，请幼儿向家长讲述。这样做的目的在于引起幼儿对身边事物的关注，培养其观察力、注意力和记忆力。也是从另一个角度为幼儿入学后能主动按时完成作业做准备。

2. 亲子模拟作业活动

让幼儿在指定的时间里完成一些小任务，如画一幅画、听一个故事后复述故事的内容等。在完成小任务的过程中，幼儿慢慢地知道了一定要完成作业的道理和怎样快速完成作业的方法（抓紧时间，集中注意力，不能随便玩耍），同时也加深了对按时完成作业、完成任务的必要性的认知，这也为幼儿形成良好的学习习惯打下了坚实的基础。

（五）行为衔接——增强幼儿的自我保护能力

离开幼儿园，走进小学，幼儿要面对的是复杂的社会大环境，会遇到很多不安全因素。家长更应该教会幼儿如何保护好自己，例如：

1. 告诉幼儿，不随便与陌生人说话，遇到困难要及时求助。

2. 教授幼儿如何与同伴友好相处，遇到同伴冲突知道如何正确处理，如果受伤了知道要及时治疗等。

3. 能够认识上学的路，如果家与学校离得很近，家长可以带着幼儿从家步行到学校，边走边告诉幼儿走哪条路可以到达学校或者回家，一定要多走几次，便于幼儿记住路线。如果家与学校离得比较远，除了带幼儿多走几次以外，家长还要反复告诉幼儿上学走哪条路、学校的具体位置、学校附近有什么标志性的建筑物，等等。在带幼儿认识路线的同时，还要让幼儿记住家里的地址和联系电话，加强安全教育。

4. 家长务必要重视让幼儿懂得交通规则的重要性，如在街道公路上，要走人行道和靠右边行走；过马路时，要走人行横道，并注意来往车辆；会看红绿灯，知道车辆是"红灯停，绿灯行"；不要在马路上或过马路时追逐打闹等。

五、工作总结

幼小衔接是幼儿成长旅程中的一个重要阶段，它不仅关乎幼儿的学习生活，也涉及幼儿的心理适应和社会技能的发展。我们提供的一系列指导策略，旨在帮助家长更好地理解这一过渡期的重要性，并为支持幼儿做好准备。每个幼儿都是独一无二的，他们以自己的节奏成长和发展，耐心、理解和爱将是我们最宝贵的资源。让我们家园携手确保每一个幼儿的幼小衔接过程都能顺利而充实。

山西省晋城市凤鸣幼儿园 任红霞

"巧妙应对幼小衔接"指导方案

一、问题描述

新学期开始后，我们对大班幼儿的幼小衔接工作做了全面部署，包括对家长的家庭教育指导工作，也成为我们的重点。然而在对家长宣传如何科学进行幼小衔接的过程中，发现很多家长都存在严重的焦虑，单纯地侧重于加强幼儿知识学习的强度，严重忽视了对幼儿良好习惯的培养，并忽视幼儿的情绪变化。尤其刚进入新学期，离幼儿成为小学生还有几个月的时间，但是部分家长已经严格地以小学生的要求去要求大班的幼儿，致使部分幼儿产生心理负担，出现各种不适应的表现。

二、原因分析

大班的幼儿，面临着即将到来的小学生活，家长容易将自己的焦虑转嫁到幼儿身上。有很多家长为了"不让幼儿输在起跑线上"，还未进入小学就已经为幼儿报了多个与小学学科有关的兴趣班。这样做虽然让幼儿获得了一点技能或者在以后的小学学习中占得一点先机，但是幼儿本身往往是不快乐的，不利于幼儿的健康成长。还有些家长就算没有给幼儿报兴趣班，但是对幼儿的要求也提高到了小学生的阶段，每日机械地让幼儿做练习，学习小学化的内容，这样的练习让幼儿觉得枯燥和反感，甚至导致幼儿对小学生活觉得厌恶。这些做法

是非常不可取的，完全违背了幼儿的身心发展规律。家长应该理性看待大班幼儿的幼小衔接，以幼儿乐于接受的方式帮助孩子顺利过渡到小学阶段。

三、工作目标

1.转变家长的幼小衔接观念，树立科学育儿的意识。

2.引导家长关注幼儿的情绪变化，能够尊重幼儿的身心发展规律，科学实施家庭教育。

3.通过一系列的措施，指导家长掌握科学幼小衔接策略，家园合力为幼小衔接保驾护航。

四、工作措施

（一）情绪引导，根植阳光心态

《3—6岁儿童学习与发展指南》在健康领域中明确指出："健康是指人在身体健康、心理和社会适应方面的良好状态。"幼儿的心理健康，对幼儿的终身发展存在着深远的影响。日常生活中，成人对幼儿身体健康的认知是比较直观可见的，但是心理的健康是要基于对幼儿的行为观察与解读才能了解的。

1.关注心理，纾解升学压力

在幼小衔接中，关注幼儿的心理健康十分重要。对于幼儿来说，他们将要面对未知的小学，心中会有各种疑问和担忧。家长应做一个有心人，细心观察幼儿的变化，捕捉幼儿的情绪。家长可以通过聊天或者阅读相关的绘本，帮助幼儿解决他们的疑问和担忧，引导他们对以后的小学生活充满自信和期待。需要注意的是：家长不要期望幼儿像小学生那样书写和做题，而应期望他们顺利适应小学生活，对未来满怀憧憬。

2.加强陪伴，融洽亲子关系

面临特殊的幼小衔接，亲子陪伴的作用是巨大的，家长要增加陪伴幼儿的时间，学会用正确的方式方法去陪伴和教育幼儿，努力提升亲子陪伴的质量，让幼儿在轻松、有爱的家庭氛围中成长。这就需要家长转变育儿观念，站在一种更加开阔和高远的角度看待幼儿的成长，并努力规范自己的言行，争取对幼儿能够产生正面的影响。良好的亲子陪伴可以从以下几点开展：①增加与幼儿像伙伴关系的亲密度；②增加亲子阅读的投入度；③多带幼儿体验生活；④与幼儿一起做家务或进行户外运动。

家庭是幼儿的第一所学校，家长是幼儿成长路上的第一任老师。在陪伴幼儿成长的道路上，家长应该与幼儿一同成为学习者，携手并进。

3.正面引导，学做情绪管理

情绪调节对幼儿的成长具有重要意义，具有较高情绪调节能力的幼儿能在遇到挫折时控制、避免负面情绪的发生，有利于身心的健康成长。幼儿即将上小学，学习环境、学习机制和同伴交往都将遇到比较大的变化，如果能有一个好的情绪调节能力，那么适应起小学的生活来将会顺利很多。

在育儿的过程中，家长比较困惑的是对幼儿情绪管理的引导，当幼儿有负面情绪的时候在一定程度上也会调动家长的负面情绪，正确的方式是调动幼儿的内心力量来控制自己的情绪。首先应该引导幼儿正确认识自己的情绪，情绪没有对错，只是遇到不同的事情而产生不同的心境。其次是引导幼儿如何运用适宜的方式缓和自己的情绪，比如亲子阅读绘本《我的情绪小怪兽》，可以有效引导幼儿调节自己的情绪，做好情绪管理。

（二）激发学习兴趣，培养学习能力

从幼儿园到小学，大班的幼儿面临着升学的压力，学制的不同，幼儿的学习能力是否能应对幼儿园和小学之间的差异一直都是教师和家长十分关心的话题。这里的学习能力不是指灌输式的超前学习，而是在以后学习强度增加后幼儿应该做好的一些学习能力储备，以应对

不同学制的学习。

1.增强专注力，开展深度学习

专注力一般也指注意力，是心理活动对一定事物的指向和集中，是进行一切活动的前提和基础。注意力的持续性、稳定性会对幼儿未来的学习、情绪和人际关系等产生重要影响。到了小学，课堂时长要比幼儿园的长，课程安排的密度也要比幼儿园密集，这对幼儿的专注力要求更高了。

为了应对幼儿园和小学在课程设置上的差异性，我们适当增加了一些集体教学活动。同时在各个活动中适当渗透一些能提升幼儿专注度的环节，例如绘本阅读活动中，我们不只局限于引导幼儿对画面进行观赏，而是注意引导幼儿解读画面线索，能够联系前后文，然后抓住线索对画面进行解读和判断，引发幼儿的深度思考，从而提高幼儿的专注力。除此之外，我们还注重在个别化学习活动中投放一些能够促进幼儿深度学习的材料，供幼儿进行更为持久的探索行为。我们的这些做法可供家长借鉴和参考，考虑到家庭环境与幼儿园环境的差别，家长可以灵活地在家因地制宜地设计一些亲子小游戏，如合作性的亲子运动及劳动、绘画活动、搭建游戏等，都是培养幼儿专注力的有效方式，值得关注的是，当幼儿在全神贯注于一件事情的时候家长不要打断他。

2.发展坚持性，学习克服困难

到了小学之后，学习活动一般以集体教学为主，并且集体教学开展的时间相对于幼儿园而言时长会更久，很多幼儿在最初的时候不适应这样长时间的学习，所以发展幼儿的坚持性，帮助幼儿学习克服一定的困难是很重要的事情。在家里，家长要注意对幼儿的坚持性进行培养，比如让幼儿把一幅画画完了再出去玩。或者适当地给幼儿布置一些他们通过自己的努力可以完成的小任务，从而促使幼儿去克服一定的困难，坚持到完成任务。

3.培养想象力，打开思维空间

在学习和创造的过程中，在很大程度上需要调动理解力和想象力。家长可以通过欣赏文学作品和艺术作品来培养幼儿的想象力。例如，通过观察绘本画面，让幼儿猜测故事情节的发展以及接下来故事情节的发展。或者通过对绘画作品和音乐作品的解读，以艺术为载体来打开幼儿想象的空间。当然，家长也要注重通过生活来激发幼儿的想象力，如利用周末或假日时光，多带幼儿去外面看看，丰富幼儿的生活经验，当幼儿看到与自己有关的事物时会变得"侃侃而谈"，这期间会激发幼儿的奇思妙想，进一步打开幼儿的思维。

(三)提升"生存"技能

幼儿进入小学后，生活自理能力、同伴交往能力等方方面面都将迎来挑战，若是没有提前掌握和适应，在即将开始的小学生活中有可能会遇到一定的困难，所以综合提升幼儿的"生存"技能非常重要。

1.交往互动，处理同伴关系

好的同伴关系，关系到幼儿进入小学后的适应情况。如何结交新朋友？哪些行为是小朋友们乐于接受的交往方式？哪些行为是不被小朋友们喜欢的？这些都需要关注。

在幼儿园期间，幼儿虽然具备了一定的交往能力和解决问题的能力，但很多时候也需要教师的帮助和引导。然而进入了小学，小学生更加独立，很多事情完全要靠自己，这就对幼儿的独立性、解决问题的能力、生活自理能力、人际交往能力都提出了更高的要求。家长在家一定要注重培养幼儿在这些方面的技能，提高幼儿的动手能力，引导幼儿处理同伴关系的时候融入自己的一些判断，把解决问题的权利交给幼儿，培养幼儿能够独立思考，以及解决各种问题的本领。

2.尝试自律，学做自我管理

自律就是规范自己、调整自己、提升自己、依靠自己。为了培养幼儿的自律性，家长可以从物品管理和时间管理入手。

(1) 物品管理

大班幼儿已经具备物品分类和收纳能力，应适时培养其秩序感和规则意识。在家时家长可以明确物品使用规则，让幼儿知道个人物品和玩具使用后要归放到原来的位置，并能够主动分类和整理。

(2) 时间管理

幼儿园阶段，幼儿作息相对比较灵活，很多活动都是以自主形式开展，幼儿有很大的自主性。幼儿园会通过一系列的幼小衔接活动引导幼儿合理安排自己的时间，家长也要注重对幼儿这方面的引导。在家时，可以让幼儿对自己的时间有一定的规划，做到早睡早起，定点完成要做的事情。对于自己计划和安排好的事情，家长要注意引导幼儿践行并按时完成，让幼儿知道自己的事自己做，不要有依赖心理，既然是自己制订的计划，就要自我督促，坚持完成。

3.锻炼动手能力，提升劳动能力

幼儿劳动教育是一种支持幼儿在亲历实践和动手操作过程中获得劳动知识、技能、意识和情感的活动。家长要注意引导幼儿能主动承担家庭中的劳动任务，培养家庭责任意识。让幼儿掌握初步的劳动知识和技能，养成爱劳动的好习惯。这对将来上小学都是有利的，家长一定要给幼儿劳动的机会。可以先让幼儿尝试简单的劳动，如扫地、倒垃圾、擦桌子，然后让幼儿自己洗袜子或简单衣物，不断培养幼儿的责任感。

五、工作总结

《幼儿园教育指导纲要（试行）》明确指出："幼儿园教育要与小学教育相互衔接。"这就要求幼儿园教师要为幼儿入学做好充分准备，让幼儿实现从学前教育到小学教育的顺利过渡。大班幼儿即将进入小学，幼儿和家长如何做好幼小衔接工作，幼儿需要做什么准备、培养哪些习惯，成人应该给予怎样的支持，值得研究和探讨。我们通过一系列措施，不仅发展了教师的专业能力，而且更新了家长的科学幼小衔接观念。家长在家能够很好地尊重幼儿、倾听幼儿，不断调整自己的家庭教育方法，有效提高幼儿的各方面能力，并培养了幼儿良好的作息习惯、学习习惯，还提高了劳动技能，为幼儿的幼小衔接打好了坚实的基础。

浙江省海宁市实验幼儿园教育集团康桥幼儿园　占建凤

 幼儿园家庭教育指导方案精选30例

"让幼小衔接从小班起步"指导方案

一、问题描述

提到幼小衔接，很多老师首先想到的就是关于"在幼儿园里该如何有效开展幼小衔接"的问题。为此，幼儿园开展了丰富多彩的幼小衔接相关活动。然而，对于绝大多数的家长而言，他们对于幼儿园在幼小衔接方面所做的各项工作以及教师在这方面付出的努力知之甚少。尤其很多家长还认为幼小衔接从大班开始也不晚，到了大班去抓幼小衔接时又觉得时间短，培养不了幼儿的良好习惯，这在一定程度上加剧了家长的焦虑情绪，而家长的焦虑情绪又会反向增加教师在幼小衔接工作方面的压力，种种问题值得关注。

二、原因分析

以上种种问题，主要由以下原因引起：

1. 家长的教育观念落后

由于传统的观念与教养态度等多方面的偏差与不当，有的家长认为幼小衔接是幼儿园和小学的事情，与家长没有关系，因而只重视物质准备，忽视心理准备。有的家长重视技能技巧的训练而忽视幼儿的全面发展，重视短期成效而忽视终身发展。很多家长会急功近利进行超前训练，致使幼儿入学后首先感到很轻松，但随着学习内容的加深、难度的加大，又出现适应困难。但大部分家长认为幼小衔接到了

大班再做不迟，没必要从小班培养。

2.幼儿园家庭教育指导工作的不足

家园共育是我们的共识，但家园之间的沟通往往是针对幼儿在幼儿园中的学习情况、饮食情况等，沟通更为倾向于促使家长了解幼儿在幼儿园的成长情况，而未能将家庭教育的方式及时传递给家长，导致家长在开展家庭教育工作时，缺失科学的家庭教育方法，一旦未能保障家庭教育的成效，就会在一定程度上影响幼儿教育的效果。幼儿园要注重采集家庭教育中的问题，做到积极展开幼儿园家庭教育指导工作，帮助家长制定科学的问题处理方案，以期产生较好的幼儿教育成效。

三、工作目标

在帮助家长树立科学幼小衔接观念的同时，给予家长具体、可操作的幼小衔接策略，提升幼小衔接工作的效率。

四、工作措施

（一）帮助家长树立从小班开始幼小衔接的意识

《幼儿园入学准备教育指导要点》（以下简称《指导要点》）指出："入学准备教育是一个循序渐进的过程，幼儿园应该从小班开始逐步培养幼儿健康的体魄、积极的态度和良好的习惯等身心基本素质。"通常情况下，在大班下学期会集中开展幼小衔接常规性实践活动。但实际上以小班为起点贯穿整个学前三年教育的长程幼小衔接，与高质量学前教育下幼儿高质量发展的关系是一体两面的。幼儿园若能真正落实《指导要点》中提出的"从小班开始逐步培养幼儿健康的体魄、积极的态度和良好的习惯等身心基本素质"，那么在让幼儿获得高质量发展的同时，也就为幼儿的后续可持续发展打下了坚实的基础。

对此，幼儿园教师首先要树立从小班开始幼小衔接工作的意识，

充分学习《指导要点》，然后结合《3—6岁儿童学习与发展指南》，从身心、生活、社会、学习四个方面围绕发展目标、具体表现、教育建议确定各年龄段幼小衔接应该衔接什么，并不断反思幼小衔接工作存在的不足，找到下阶段研究的方向，不断提高专业能力。

各年龄段幼小衔接重点

年龄段	衔接重点	支持策略
小班	适应能力	紧密联合家长，开展一系列帮助小班幼儿提升适应能力的活动。
	生活能力	通过绘本阅读激发幼儿动手能力。 通过布置让环境"说话"。 家园同步培养幼儿生活能力。
中班	倾听习惯	通过各种常规树立幼儿的规则意识。 巧用游戏培养幼儿的倾听能力。
	语言表达	亲子共读培养幼儿的讲述能力。 注重幼儿园一日生活各环节中对幼儿语言表达能力的训练。 引导家长在家起到榜样作用。
大班	前书写能力	引导幼儿在游戏中尝试、在体验中获得、在生活中参与前书写活动。
	时间规划	引导幼儿感知时间、规划时间，培养时间观念。

幼儿园教师清晰了各年龄段幼小衔接的重点后，要积极、主动地向家长展示自己在幼小衔接方面所开展的工作及成效，帮助家长明确不同年龄段幼儿的幼小衔接工作重点，让家长明白，要想帮助幼儿充分做好小学入学准备，绝不能仅靠一日之功，而是要从小班做起，使家长建立起循序渐进的幼小衔接观念。

（二）帮助家长了解各年龄段能力培养的关键经验

《幼儿园教育指导纲要（试行）》明确提出："幼儿园应与家庭、

社区密切合作，与小学相互衔接，利用各种教育资源，共同为幼儿的发展创造良好的条件。"在幼小衔接的过程中，家庭作为微观系统之一，发挥着重要作用。

家长是有效幼小衔接工作开展的重要主体，家长的教育观念与教养行为不仅影响着幼儿园幼小衔接工作的开展，也会对幼儿的入学适应产生一定的影响。我们通过发放问卷、家长会、家长座谈会等方式，了解不同年龄段幼儿家长对科学幼小衔接的认识与困惑。家长较多关注的是幼儿的学习准备，对幼儿身心、生活、社会准备等方面的关注不多，可见，大多数家长对幼小衔接的认识是片面的。对此，我们细化了幼小衔接要点中各年龄段能力培养的关键经验，如下表是我们梳理出的针对各年龄段幼儿生活自理能力培养方面的关键经验，目的在于进一步帮助家长了解每个年龄段幼儿的特点与学习要求，从而有针对性地展开指导。

各年龄段生活自理能力培养关键经验

要点	指标		关键经验
提高幼儿生活自理能力	进餐	小班	能熟练地用勺子吃饭；会用正确的方式漱口；能尝试自己端饭菜。
		中班	尝试用筷子吃饭；安静进餐，细嚼慢咽；尝试自己盛饭菜；进餐时保持桌面整洁，进餐结束后有序分类摆放餐具。
		大班	能熟练使用筷子吃饭；能熟练盛饭菜，根据需要主动添饭菜；在餐前能尝试帮忙做好准备工作，餐后主动收拾、整理餐具。
	午睡和起床	小班	入睡前，播放舒缓的音乐、故事等，让幼儿慢慢安静下来。

（续表）

要点	指标		关键经验
提高幼儿生活自理能力	午睡和起床	中班	养成良好的睡眠习惯，如睡姿正确、不蒙头睡觉等；提醒幼儿整理被子和枕头。
		大班	知道睡前不宜做剧烈活动，保持情绪稳定；能自己盖被子，保持正确睡姿，并安静、快速地入睡。
	穿脱衣服和鞋袜	小班	在成人帮助下能穿脱衣服；能主动将鞋子摆放整齐；尝试用正确的方法穿鞋。
		中班	能自己穿脱衣服，扣纽扣；能根据冷热增减衣服，将衣服摆放整齐；能自己穿脱鞋子，分清左右脚。
		大班	掌握正确穿脱衣服的方法，会叠衣服；能整理自己的床铺；初步掌握系鞋带的正确方法。
	喝水	小班	主动表达喝水的意愿，允许幼儿自主喝水。
		中班	提醒幼儿口渴时应及时喝水，要一口一口地喝，喝水时不要打闹。
		大班	主动喝白开水，养成主动喝水的习惯。
	盥洗	小班	指导幼儿用正确方法洗手，不弄湿衣袖。
		中班	幼儿饭前、便后主动洗手，且方法基本正确；提醒幼儿饭后漱口。
		大班	饭前便后能用七步洗手法正确洗手；餐后有序漱口，方法正确（鼓漱3—5次，漱口水轻轻吐到水池中）。
	如厕	小班	能自己如厕，及时排便，尽可能不尿湿裤子；能区分男女厕所；尝试自己提裤子。
		中班	幼儿如厕后能自理，便后及时洗手；幼儿能自己脱裤子、提裤子。
		大班	养成节约厕纸、厕纸入桶、便后冲水等良好如厕习惯；掌握正确如厕方法，便后会自己擦屁股。

(续表)

要点	指标		关键经验
提高幼儿生活自理能力	整理物品	小班	主动将游戏材料放回原处。
		中班	主动整理个人物品,并能有序摆放。
		大班	能将自己的物品按类别整理好。

(三)多途径构建实践路径提升家长教育能力

为了提升家长的教育能力,我们尝试通过多种途径,让家长走进幼儿园,走进班级,全程性、完整性、沉浸式参与班级一日活动。

1. "互动式"沙龙活动,提升家长育儿观

我们通过定期与不定期举行家长会、专题讲座、线上交流、座谈会、半日开放等活动,为家长搭建了一个可以倾诉、研讨、交流、解惑的平台。通过不同主题、不同层面的幼小衔接沙龙活动,聚焦问题、相互启发、分享经验,引导家长厘清幼小衔接及幼儿成长的关键点,提升其解读儿童、科学育儿的能力。我们也会着重强调各年龄段能力培养的关键经验,帮助家长吃透培养幼儿的要点,让家长更加灵活地在家开展家庭教育。

2. "经历式"主题活动,培育共同成长者

"经历式"主题活动,就是幼儿和家长在教师的支持下,围绕某个感兴趣的主题或问题,以全班、小组或个体的形式在日常生活中、在亲历事件中多感官参与、全身心投入,从中体验情感、理解意义、积累经验。

我们结合身边的资源,梳理、开发、完善了我们的特色活动,如文化节、美食节、阅读节、农耕节、丰收节,邀请家长参与,旨在通过一个个生动可行的主题活动,引导家长亲身经历、参与实践、反思

感悟，理解幼儿的身心发展规律和教育规律，让家长成为幼儿活动的资源提供者、参与者、支持者、评议者，共同助力科学幼小衔接工作的开展。如在"乐享农耕"主题活动中，初期就"我想种什么？""可以种什么？"两个问题进行家幼互动、查阅资料，中后期邀请家长和幼儿一起参与收集种子、种植、记录、管理、收获、制作美食等活动过程，让家长看见幼儿的动手操作能力、数学测量能力、科学探究能力，帮助家长更加了解幼儿的学习特点，通过不断反思提升自己的教育能力，并能够学以致用，在家展开科学的幼小衔接教育。

3. "菜单式"共育活动，共解成长难题

每学期初，我们结合五大领域，将家园共育重点按月进行重点罗列，每月班级采用好习惯打卡、家园评价表、视频秀等方式，引导家长与幼儿园同步教育，一起助力幼儿的成长。每月底还会通过线上研讨就遇到的困惑或难点进行解惑答疑、经验分享。这样的共育活动，有助于帮助家长形成自觉的教育意识，能够认识到自己是教育的主体，从而主动学习，不断提升自身的育儿能力。如小班生活主题——我是班级小主人，通过展开让幼儿主动问好、自己做事、自我服务、自我整理等活动，家园一起帮助幼儿树立自己的事情自己做的意识，很好地培养了幼儿的动手能力与生活能力。又如小班自主穿脱衣服主题活动，我们把对应的关键点进行了梳理，形成表格，家园同步记录，发现问题及时进行指导，"让幼小衔接从小班起步"真正得到落实。

小班自主穿脱衣服观察记录表

班级：　　幼儿：　　教师：　　家长：

目标	9月	10月	11月	12月
1.知道穿舒适的衣服便于活动。				
2.保持衣服的干净与整洁。				
3.在帮助下能穿脱衣服。				
4.会自己简单叠衣服。				
5.会将衣服的纽扣扣起来。				
6.能将衣服的拉链拉起来。				
7.知道区分衣服的前后与正反。				

注：教师和家长可以通过☆○△来对幼儿的表现进行评价，其中☆表示目标达成、○表示目标基本达成、△表示需要不断引导。

五、工作总结

　　幼小衔接工作的开展不是幼儿园单方面的事情，家长也是主要的教育者与支持者。通过一系列措施，我们希望家长明白：幼小衔接工作的渗透教育应该是从小班开始的，这样便于培养幼儿的各方面能力。家长在全面、深度参与班级课程和活动的过程中，主动性不断提高，遇到问题家长能够主动联系老师，不愿错过任何一次幼儿成长的机会。家园共育使家长从观念、态度到行动都有了很大的转变，在家也能科学实施幼小衔接教育。

江苏省镇江经济技术开发区姚桥中心幼儿园　祁玲玲

幼儿园家庭教育指导方案精选30例

"幼小衔接视角下小班亲子阅读"指导方案

一、问题描述

在《幼儿园入学准备教育指导要点》中,学习准备方面的教育建议提到:喜欢阅读,乐于和他人一起看书讲故事;指导教师培养幼儿的阅读兴趣和能力,能根据幼儿的阅读兴趣和活动需求提供和更换图书,并给予幼儿充足的阅读时间。我们践行幼小衔接应从小班开始抓起,但是小班幼儿缺乏自主阅读的能力,于是我们倡议家长在家与幼儿开展亲子阅读,然后常常有家长反馈问题,如"老师,我们家孩子静不下心来,不肯好好看书,怎么办?""老师,我们从小讲睡前故事,孩子现在已经能讲好多故事,我们不用进行亲子阅读了吧?""老师,我们平时工作就很忙,没精力进行亲子阅读,给孩子播放故事行吗?""老师,幼小衔接不是大班的时候要做的工作吗?""小班孩子太小了,跟孩子讲幼小衔接他们根本理解不了,我们共读了上小学的故事,孩子听到迷迷糊糊的,注意力也不集中"……

二、原因分析

在实践过程中,对于亲子阅读我们存在太多期许,面对家长们反馈的问题,我们分析主要存在以下原因:

1. 书籍选择随心所欲

在亲子阅读中,书籍的选择是非常重要的。有的家长在书籍选择的过程中过于尊重幼儿的自主意愿，经常性地看一些画面精美但是跟年龄不符的书籍；有的家长在选择时，没有根据幼儿的实际年龄来区分，而是根据自己的主观判断来决定；有的家长认为亲子阅读可以选择的就是绘本而已，品种单一，时间长了不太能吸引幼儿的注意力。

2.目的性过强

大部分家长都是认可亲子阅读的，认为亲子阅读可以促进亲子感情，又能帮助幼儿获得一定的经验。但是在亲子阅读的过程中，家长赋予亲子阅读的目的性很强，希望孩子通过阅读获得更多的知识储备。尤其对幼小衔接的错误认知，不顾小班幼儿的年龄特点，在阅读过程中反复让幼儿指认汉字。这样的亲子阅读并不是从幼儿本身的角度出发，而是在家长刻意地安排下进行的，对幼儿而言，他们没有选择的权利。甚至一些家长还得意地说"别看我家孩子现在小班，但是我们每次读书都让孩子认字，孩子已经认识很多字了"，这样的家长用识字量来评判幼儿的阅读效果，不符合幼儿年龄的做法会导致幼儿排斥亲子阅读，是不可取的。

3.阅读时间太短或不稳定

很多家长进行亲子阅读，有的家长持续的时间太短，甚至有的个别家长时间只有5分钟左右，把亲子阅读当成一项任务来完成，这样不仅没有实际效果，还会影响幼儿的阅读兴趣。还有的家庭不能够持续进行亲子阅读，有的一周进行两次，有的一周进行一次，甚至有的更久，不利于培养幼儿形成良好的阅读习惯。

三、工作目标

1.引导家长知道幼小衔接视角下亲子阅读的重要性，从而重视亲子阅读，树立正确的育儿观。

2.指导家长掌握一定的亲子阅读策略，提高教育能力。

3.家园联动，通过特色阅读活动共促幼儿各方面能力的发展。

四、工作措施

要想在幼小衔接视角下引导家庭进行亲子阅读,就要充分认识幼小衔接视角下亲子阅读的重要性,帮助家长掌握一定的阅读技巧,家园形成教育一致,共同培养小班幼儿的阅读能力。

(一)幼小衔接视角下亲子阅读的重要性

1.多维度提升幼儿能力

(1)丰富词汇,提升幼儿语言表达能力

在亲子阅读过程中,幼儿通过故事内容,可以很好地感受语言、丰富词汇,如《好饿的毛毛虫》《小黄和小蓝》《彩虹色的花》等绘本故事,形象化的内容,生动、重复、有趣的语言,对幼儿有很大的吸引力,通过亲子阅读可以让幼儿不断地从故事中汲取新词汇,感受语言的魅力。通过语言复述,幼儿不断提升语言表达能力,尝试更清楚地表述自己的意图。

(2)促进社会交往能力的提升

在亲子阅读过程中,幼儿对语言交流的好奇心被充分调动,能够学习一些与人交流的基本方法,对不同的人在不同的情况下能够做出不同的语言反应,有利于社会交往能力的提升。

(3)丰富幼儿认知,培养良好品质

在故事情节中或者在结尾等地方,幼儿可以根据画面线索或者想象进行表演、改编或续编故事或者开展绘画等活动,通过不同方式展现幼儿的想象,有助于幼儿创造力和想象力的发展。再者,众多的亲子阅读材料中,图片颜色亮丽,吸引幼儿眼球,文字诙谐有趣,能培养幼儿的感知力。故事中正能量的角色形象,互帮互助、团结友爱等对良好品质的诠释可以为幼儿树立榜样,促进幼儿个人品质的提升与发展。

2.亲子阅读对幼小衔接起了推动作用

《幼儿园教育指导纲要(试行)》指出:"幼儿的教育应与家庭、

社会密切合作，综合利用各种教育资源，共同为幼儿发展创造良好的条件。"《3—6岁儿童学习与发展指南》以及家长宣传手册中，对小班幼儿语言领域的教育建议中提出："为幼儿提供良好的阅读环境和条件，激发幼儿的阅读兴趣，培养阅读习惯。"在《幼儿园入学准备教育指导要点》学习兴趣和学习能力中又提到："培养幼儿的倾听和表达能力；培养幼儿的阅读兴趣和能力。"由此看出，亲子阅读对幼小衔接的学习准备起到了推动作用，家庭和幼儿园必须通力合作才能最大化地为幼小衔接做好各项准备。

家庭教育对幼儿的发展影响深远，家长要履行好养育和教育幼儿的义务和责任。亲子阅读有助于促进幼儿阅读能力的提升，家长必须重视亲子阅读的作用，要重视并践行好亲子阅读，为幼儿的幼小衔接各项准备助力。

（二）幼小衔接视角下指导亲子阅读的策略

1. 创设温馨的阅读环境

我们请每个家庭上传家庭阅读环境照片，经过对比发现，大多数幼儿在家的学习环境比较简单。而且在亲子阅读中，幼儿处于被动的接受者位置，而家长变成了读书的人工机器。我们建议家长给幼儿创设温馨、丰富的学习环境。为此，我们先将班级教室内阅读区的环境拍成清晰的照片发给家长，指导家长布置环境时的注意要点。如家长要在家中开辟的图书角里放小书桌和小椅子，如果条件允许可以在图书角放置专门的书柜，书籍要分类摆放或者给予幼儿一定的收纳支持。

2. 为幼儿选择合适的书籍

书籍可选择的范围很多，需要家长耐心选择适合幼儿年龄段的书籍。在小班年龄段，可以为幼儿挑选行为习惯、性格培养、安全教育、成长系列、名家作品来阅读。比如《小蓝和小黄》《艾玛捉迷藏》《小熊比尔和爸爸的故事》等，这些书籍适合低龄儿童阅读，又有一定的社会影响，家长可以把这些书籍纳入家庭书库。

3.灵活指导幼儿积极阅读

亲子阅读除了环境、书籍的选择，就是让幼儿享受亲子阅读的过程，家长要掌握引领幼儿参与亲自阅读的正确方法。

阅读前，可以有一个仪式感，比如为幼儿选好书后，可以这样开场"这本书的封面上有什么？会是一个什么样的故事呢？今天要学习的故事名字叫……"长此以往的坚持，就会逐渐形成仪式感，让幼儿觉得阅读是一件很重要的事情。

亲子阅读时，家长要注意尊重幼儿的意愿，不可强迫幼儿阅读，没有心理压力的学习才是适合幼儿的。反之，会导致幼儿排斥阅读，乃至排斥学习。

如果幼儿对阅读实在没有兴趣，家长也不必着急，自己可以先静静地拿一本书仔细欣赏，同时可以发出声音读出来，也可以随着故事情节的发展而低语，通过一系列的行为可以引起幼儿的好奇心，让幼儿想知道书里到底有什么能让爸爸妈妈有这样的反应，从而与家长一起阅读。

需要注意的是，在阅读的过程中，对于幼儿提出的疑问与反馈，家长要帮助幼儿记录，从小培养幼儿前书写的意识。亲子阅读后，可以引导幼儿画一画记忆深刻的某一页内容，帮助幼儿留下深刻、美好的记忆。

（三）特色阅读活动共促幼儿发展

我们也很注重家园联动，为家长开展亲子阅读提供支持，同时也让家长感受到幼儿园对亲子阅读的重视。通过亲子阅读，不仅能够让幼儿逐渐养成阅读习惯，也能感受到父母对自己的关爱，密切亲子关系。我们在推进幼小衔接中，十分注重培养幼儿的阅读能力，还策划了特色活动"图书漂流"，并以活动为媒介，为家庭中亲子阅读活动的开展提供一定的方法。希望通过这样的活动，能促进家长反思自己的教育行为以及更新教育观念，让幼儿有一个丰富且快乐的童年。

我们的"图书漂流"活动每两周进行一次，幼儿根据自己的需要或者自己的偏好选择漂流的图书带回家，周五带回去，周一带过来。这样家长既能看到其他幼儿对于故事的想法，也能更积极地进行亲子阅读。"图书漂流"活动是让幼儿有自主选择书籍的权利，并培养幼儿及时归还图书的意识，对后期培养幼儿的任务意识有利。

我们在"图书漂流"活动后，还鼓励家长将自己的想法搬进课堂，如我们班朵朵妈妈在亲子阅读《神奇糖果店》以后，自主设计了一个根据颜色分糖果的活动，她做助教将这个活动搬进课堂，幼儿们积极参与，兴趣浓厚。教学活动结束后，我们及时将活动照片发布在幼儿园的展示平台，朵朵妈妈很有成就感，也为其他家长做了一个很好的示范。

五、工作总结

亲子阅读是家长与幼儿共同学习、成长的机会。亲子阅读不但可以帮助家长与幼儿更好地沟通，有效促进幼儿各方面能力的发展，而且有助于幼儿良好习惯的培养，为幼小衔接做好充分的准备。

江苏省江阴市实验幼儿园 戴锦蓉

 幼儿园家庭教育指导方案精选30例

"家长如何帮助幼儿做好幼小衔接"指导方案

一、问题描述

为了解家长对幼小衔接的需求与认识情况,我们面向家长开展了问卷调查和访谈。通过问卷调查我们发现,一方面,大部分家长对于幼小衔接课程的开展是比较重视的,但是主要关注的是知识方面的衔接,鲜少提到生活自理能力和行为习惯方面的衔接。另一方面,我们在与家长进行一对一家访时,总能听到家长咨询让幼儿学习小学化内容的问题,还提到报班,能明显地感受到家长对幼小衔接的认识有误区,而且非常焦虑。这些问题如果得不到解决,会导致家长漫无目地开展幼小衔接,使幼儿在入小学时难以快速适应。只有家长对幼小衔接有了正确认识与正面引导,才能帮助幼儿顺利度过这个关键时期。

二、原因分析

幼小衔接是幼儿成长过程中重要的过渡环节,如何帮助幼儿轻松地从幼儿园过渡到小学,使幼儿顺利地、从容地、自信地适应小学的生活,对家长来说,是挑战也是焦虑的源头。面对幼小衔接,家长显得很焦虑,主要是对幼小衔接教育的认知不足,而且又没有科学的教育方法。《幼儿园入学准备教育指导要点》强调:"大班根据即将进入小学的特殊需要,应实施有针对性的入学准备。"因此,大班的家长应与老师积极沟通交流,携手帮助幼儿养成良好的生活习惯与学习习

惯，充分地做好入小学的准备，使幼儿在入小学后能尽快地适应小学的学习生活。而作为专业教育机构的幼儿园老师，也应该充分发挥自身的专业优势，及时开展家庭教育指导工作，指导家长在家科学开展幼小衔接教育。

三、工作目标

1.通过研读政策文件，提高教师指导家长科学实施家庭教育的能力。

2.通过对家长的指导，有效帮助家长树立科学的幼小衔接观念，提高育儿能力。

四、工作措施

为了科学地指导家长开展幼小衔接，我们查阅《3—6岁儿童学习与发展指南》《幼儿园教育指导纲要（试行）》《关于大力推进幼儿园与小学科学衔接的指导意见》等相关政策文件，通过再学习，夯实理论基础。其中，《关于大力推进幼儿园与小学科学衔接的指导意见》中关于幼小衔接方面的指标非常全面且可操作性强，要求幼儿园全面推进小学入学准备和入学适应教育，减缓衔接坡度，为做好幼儿园与小学衔接工作指明了方向。因此，我们依托政策要求，梳理了家长开展幼小衔接的行动指南，为家长可以在哪些方面帮助幼儿做好幼小衔接提出指导策略。

（一）帮助幼儿做好良好的身心准备

身心准备是指幼儿需要在心理方面和身体动作发展等方面做好相应的准备，主要包括对小学生活充满向往、保持良好的情绪状态、喜欢运动、动作协调等。

1.激发幼儿向往入学的情感

在该发展目标中，具体表现为：初步了解小学，对小学生活充满期待；希望成为一名小学生，愿意为入小学做准备。对此，我们开展

了《你好，小学》《再见了幼儿园》主题活动，通过参观小学、体验小学课堂等方式支持幼儿深入探究入小学需要做好哪些准备，从而使幼儿了解小学生活并建立良好的入学期待。家庭教育方面，我们建议家长和幼儿多聊聊小学的事，比如小学的校舍是什么样的？小学的上课方式是什么样的？和幼儿园有什么不同？课间十分钟是什么样的？等等。鼓励家长引导幼儿和身边的小学生聊一聊小学，帮助幼儿从儿童视角了解小学，助力幼儿建立良好的入学期待，缓解入学焦虑。

2.培养幼儿良好的情绪状态，提升情绪调节能力

在该发展目标中，具体表现为：能经常保持积极稳定的情绪；遇到困难和不开心的事情，不乱发脾气，不迁怒于他人。一方面，家长应帮助幼儿获得积极的情绪体验，建议家长用自己积极的情绪状态影响幼儿，并能以接纳、欣赏的眼光看待幼儿的行为和情绪状态，对幼儿合理的需求给予及时的回应，使幼儿获得正面的情绪体验。另一方面，家长应帮助幼儿学会恰当的表达方式与调节情绪的能力，建议家长用合理的方式表达自己的不良情绪，感染、影响幼儿处理不愉快事情的行为，并利用情绪情感绘本、角色扮演活动、谈话等方式，引导幼儿正确表达不愉快的情绪，学会积极应对和化解负面情绪的方法，有意识地培养幼儿表达和调控情绪的能力。

3.培养幼儿喜欢运动的情感，提高幼儿的动作能力

在该发展目标中，具体表现为：积极参加多种形式的户外活动；能连续参加体验活动半小时以上。在幼儿园内，我们通过早操、户外活动、户外游戏、午间操、散步、户外大畅游等活动保证幼儿每天的户外游戏和体育活动时间，并为幼儿提供了丰富多样的体育活动器械，鼓励幼儿自主选择对自己具有挑战性的体育活动项目，发展幼儿的走、跑、跳、投掷、平衡等动作技能。同时还在中大班开展拍球、跳绳的专项体育运动。家庭教育方面，一方面建议家长在家中要为幼儿保障充足的游戏时间，配合老师开展拍球、跳绳的活动，并为幼儿提供平衡车、自行车、滑板车、跳跳杆等体育器械，丰富幼儿户外活

动的形式，发展不同的运动技能。另一方面建议家长根据幼儿的个体差异，选择具有挑战性的运动项目，适当增加运动量和运动强度，提高幼儿动作的协调性和灵敏性，提高力量和耐力，能够在锻炼中坚持到底，不怕苦不怕累。

4.帮助幼儿提升动作协调能力

在该发展目标中，具体表现为手部动作协调，能使用简单的工具和材料。在幼儿园中我们已经设计了很多相关活动，建议家长在生活中鼓励幼儿扣扣子、系鞋带、系蝴蝶结、剪窗花，支持幼儿进行扣、系、画、剪、折、撕、粘等各种活动，为之提供适宜的材料，锻炼幼儿小手肌肉动作的发展，促进动作协调。

（二）帮助幼儿做好充足的生活准备

1.培养幼儿良好的生活习惯

在该发展目标中，具体表现为：保持规律作息，坚持早睡早起、睡眠充足；保持良好的个人卫生，有自觉洗手的习惯，有保护视力的意识。一方面，建议家长配合幼儿园逐步调整幼儿的作息时间，家长要配合幼儿园提醒幼儿早睡早起、按时入园（尽量不迟到），同时以身作则，用自己规律的作息安排潜移默化地影响幼儿。另一方面，培养幼儿良好的卫生习惯，如饭前便后洗手、便后擦屁股等，不占用过多时间看电视、看手机等。

2.培养幼儿良好的生活自理能力

在该发展目标中，具体表现为：能按需喝水、如厕、增减衣服；坚持自己的事情自己做，能分类整理和保管好自己的物品；有初步的时间观念，做事不拖沓。我们从小班入园开始就非常注重幼儿的生活自理能力、个人物品管理、时间观念等方面的培养，建议家长配合幼儿园做好以下三个方面：①在家不催促幼儿喝水、如厕、增减衣服，引导幼儿根据自己的需要自主饮水、如厕、根据气温增减衣服，培养幼儿良好的生活自理能力；②引导幼儿学会依据分类整理自己的书包、图书、玩具、衣服等，养成良好的生活习惯；③通过和幼儿共同

制定作息时间、实施作息时间，使幼儿逐步树立时间观念，学会按时起床、按时入园、按时睡觉，养成守时、不拖沓的好习惯。

3.提高幼儿良好的安全防护能力

在该发展目标中，具体表现为：能自觉遵守基本的安全规则和交通规则，有自我保护的意识；知道基本的安全知识，遇到危险会求助。幼儿园会有计划地实施安全教育，如交通安全、防溺水安全、防走丢安全、防震减灾安全、食品安全、消防安全、防恐安全等，在教育中渗透"110""120""119"等急救电话的用途。我们建议家长协同幼儿园，引导幼儿了解校园、游玩、居家、交通等特定环境中可能存在的安全隐患，使幼儿掌握必要的自护方法和求救方法。

4.鼓励幼儿参与必要的劳动活动

在该发展目标中，具体表现为：能主动承担并完成分餐、清洁、整理等班级劳动；能做一些力所能及的家务劳动。我们很注重对幼儿的劳动教育，不仅使幼儿具备了取餐、洗餐盘等自我服务的能力，也使幼儿掌握了擦桌子、清洁地面、整理桌椅板凳等为他人服务的能力，还利用劳动节日帮助幼儿了解身边的劳动工作者，体验劳动的不易，懂得要珍惜大家的劳动成果。家庭教育方面，一方面建议家长在日常生活中引导幼儿参与力所能及的家务劳动，如摆放碗筷、擦拭餐桌、洗碗、扫地、拖地、清理垃圾等，并教会幼儿正确的劳动方法。另一方面，建议家长引导幼儿了解身边的劳动者，学会尊重和珍惜他人的劳动成果，并对自己未来的职业怀揣美好梦想。

（三）帮助幼儿做好科学的社会准备

1.帮助幼儿提高良好的交往合作能力

在该发展目标中，具体表现为：能和同伴友好相处，乐于结交新朋友；能与同伴分工合作共同完成任务，遇到困难互帮互助，发生冲突时尝试协商解决；能主动向老师表达自己的想法和需求。在幼儿园一日活动中和自主游戏中，我们注重为幼儿提供社会交往和解决问题的平台，鼓励幼儿发现问题、交流问题、尝试解决问题。我们建议家长在日常生活中，多带幼儿出去玩，多结识新朋友，与朋友一起游戏时遇到问题能通过帮助、协商、交换、轮流、合作等方式解决在不同情境中遇到的问题（如意见不统一、冲突等），并能营造尊重、接纳的亲子相处氛围。接纳幼儿的问题、接纳幼儿的情感、接纳幼儿的情绪，帮助幼儿形成能够与人和睦相处的为人处世风格。

2.帮助幼儿养成良好的任务意识

在该发展目标中，具体指标为：理解老师的任务指标，能向家长清晰地转述并主动去做；能自觉、独立完成老师安排的任务。在家庭教育方面，我们建议家长积极配合幼儿园，引导幼儿完成老师布置的与小学入学准备相关的任务，使幼儿在幼儿园时期就能养成完成任务的意识。

3.培养幼儿热爱集体的良好情感

该发展目标的具体指标为：喜爱自己的班级和幼儿园；愿意为集体出主意、想办法、做事情；初步形成爱家乡、爱祖国的情感。建议家长在日常生活中，能引导幼儿了解家乡的风土人情、特色美食以及风景名胜，和其他幼儿一起唱国歌，了解国旗的重要意义，和同伴聊一聊幼儿园和班级，使幼儿喜欢自己的班级、热爱自己的幼儿园，进一步加深对热爱集体的认知。

（四）帮助幼儿做好充分的学习准备

1.帮助幼儿保持好奇好问的天性

该发展目标的具体指标为：对身边的新事物感兴趣，有好奇心和探究欲；喜欢刨根问底，乐于动手动脑。建议家长在生活中保护幼儿的好奇心，鼓励幼儿积极表述对自然事物的好奇与疑问，并提供充足的时间和材料支持幼儿深入探究，陪伴幼儿寻找问题的答案。

2.帮助幼儿养成良好的学习习惯

该发展目标的具体指标为：能专注地做事，分心时能在成人提醒下调整注意力；能坚持做完一件事，遇到困难不放弃；乐于独立思考并敢于表达；做事有一定的计划性。在幼儿园我们培养了幼儿良好的

计划性与反思能力,建议家长在生活中引导幼儿专注持续完成任务,鼓励幼儿围绕某一事物进行独立思考,并能够表达自己的想法,提高幼儿的思考能力、学习能力,从而帮助幼儿养成良好的学习习惯。

3.激发幼儿的学习兴趣,培养幼儿良好的学习能力

该发展目标的具体指标为:对大自然和身边的事物有广泛的兴趣,努力寻找自己问题的答案;喜欢阅读,乐于和他人一起看书讲故事,遇到问题能通过图书寻找答案;对生活情境中的文字符号感兴趣,愿意用图画、符号等方式记录自己的想法和发现;愿意用数学的方法尝试解决生活和游戏中的问题,体验解决问题的乐趣;在集体情境中能认真听并能听懂他人说话,有疑问时能主动提问;能较清楚地讲述一件事情;能说出图画书的主要情节,并有自己的理解和想法;在绘画、拼图等活动中,能识别上下、左右等方位;能认识并书写自己的名字;能在教师指导下,尝试运用数数、排序、简单的统计和测量等数学方法解决日常生活中的问题。根据该发展目标中的具体指标,建议家长从以下几个方面激发幼儿的学习兴趣,培养幼儿良好的学习能力:①家长在周末或节假日要多带幼儿进行户外活动,接触大自然、参观博物馆或科技馆等,引导幼儿对自然界、生活中的事物产生好奇,激发幼儿持续探究的兴趣,获得丰富的直接经验。②培养幼儿良好的倾听能力和表达能力,建议家长在生活中要耐心地倾听幼儿的问题,并给予正确的回应,让幼儿积极表达。③激发幼儿阅读的兴趣,培养幼儿的阅读能力,家长可以在家中打造一个阅读角,根据幼儿的阅读兴趣为幼儿购置适宜的图书,每天坚持和幼儿进行亲子阅读。在亲子阅读时,可以和幼儿讨论书中的内容,加深幼儿对阅读内容的兴趣和理解,鼓励幼儿用图文并茂的方式对故事进行创编、续编,提高幼儿结合生活经验进行想象的能力;还可以通过故事讲述、故事表演的方式表现阅读内容,用艺术行为体验阅读,加深幼儿对阅读内容的理解与感受。多种阅读形式的开展,可以激发幼儿阅读的兴趣,提高幼儿的阅读能力。④激发幼儿对前书写的兴趣,做好充足的

书写准备，建议家长在日常生活中鼓励幼儿用图画、符号的方式进行记录，或者玩一玩相关的游戏，引导幼儿对前书写产生兴趣，掌握正确的书写姿势。⑤引导幼儿尝试在生活中用数学的方法解决问题，家长可以在家引导幼儿通过购物、分发碗筷、记录植物生长的不同高度等，引导幼儿感受利用数学解决生活中问题的成就感，激发幼儿的学习兴趣。

五、工作总结

家长作为幼儿的第一任老师，需要科学地帮助幼儿从各方面顺利地度过幼小衔接，为幼儿进入小学教育阶段打下良好的基础。幼儿园老师作为专业的幼教工作者，在幼小衔接方面有着重要的理论基础和实践经验，通过对家长进行一系列的指导，使家长能够在家庭教育中帮助幼儿从身心准备、生活准备、社会准备、学习准备四个方面做好充足的入学准备，实现科学的幼小衔接。

四川省成都市温江区光华瑞泉幼儿园　于银

幼儿园家庭教育指导方案精选30例

"引导家长正确认识幼儿学习数学的重要性"指导方案

一、问题描述

升入大班以来，每到周四周五下午，班上总有七八个幼儿在四点钟要被家长提前接走，向家长询问缘由，他们总是支支吾吾。幼儿们成群的提前离园，对班级活动有着较大的干扰。于是，我决定利用周末的下午，邀约这几位家长进行一次育儿交流座谈会。在交谈中，我直击主题，坦诚地向家长们询问幼儿们提前离园的原因，以及有哪些需要老师提供的帮助。

欣欣妈妈："幼儿园每天的活动很丰富，孩子也很开心，但是上大班后，我们的心里总有一点儿担忧，孩子天天这样玩，数学课也没上几次，一年后上了小学怕什么都不会，还没起跑就落后了。"

果果爸爸："是啊，我邻居的孩子也是大班，但是她20以内的加减法都会了，我家这个还是只知道数的分解组成。"

……

听了家长们的你一言我一语，我说："根据大班幼儿的年龄特点，我们会有计划、有组织地实施教学，也生成了丰富的活动，关于数学领域的活动，也有所侧重，这些你们知道吗？"

欣欣妈妈："知道啊，那些活动我是觉得挺好的，但还是感觉数学课上得太少了，到了一年级，数学是个大科目，怕孩子跟不上。"

我接着问:"大班年龄段的幼儿,思维训练班教的知识符合他们现阶段的学习认知水平吗?"

晓晓妈妈:"我也不知道是否适合孩子,主要是看到其他孩子在学,我们就跟着学了。"

……

二、原因分析

很多家长在幼儿大班时片面追求数学知识的衔接,总是以"成人视角"去为幼儿规划自己所预想的应该提前学习的幼小衔接数学内容,纷纷给孩子报了各种"思维训练班",出现这种现象主要有以下原因:

1.家长缺乏科学的幼小衔接观

由于传统的教育观念与教养态度等多方面的偏差与不当,造成很多家长以"成人为本",打着"为了儿童"的旗号却从未意识到教育要"基于儿童",从而重视技能技巧的训练而忽视幼儿的全面发展,重视短期成效而忽视幼儿的终身发展。正是由于缺乏科学的幼小衔接观,他们盲目跟风,给幼儿报班,不仅自身焦虑,还容易导致幼儿产生焦虑,甚至压抑幼儿的健康发展。

2.家长缺乏对幼小衔接不同阶段教育目标的科学认识

教育目标简言之,就是针对不同年龄段的幼儿应该知道什么、能做什么、大致可以达到什么发展水平提出的合理期望,指明了幼儿学习与发展的具体方向。由于家长缺乏对幼小衔接不同阶段教育目标的科学认识,才会有了超前学习的想法,遇到同龄幼儿报班,便盲目跟风。这些错误的做法都源于他们没有科学的教育认知。

3.家长缺乏幼小衔接背景下家园共育的科学指导

家长出现这样的矛盾心理,跟缺乏科学的家园共育指导有关。家长作为幼儿园的重要合作伙伴,幼儿园应向家长及时宣传正确的教育理念,帮助他们掌握一定的科学育儿方法,提高家长的家庭教育能

力，并能够及时关注家长的需求，为他们答疑解惑。

三、工作目标

1.有效引起家长对幼小衔接视域下大班幼儿数学教育课程的重视，帮助家长树立科学的"幼小衔接数学入学准备观"。

2.为家长提供更有效的家园共育科学指导，有效解决大班幼儿超前学习的现象，满足幼儿园幼小衔接数学课程完善优化的实际需要。

四、工作措施

（一）向家长宣传正确的教育理念

通过家长会，重点介绍《幼儿园入学准备教育指导要点》与《小学入学适应教育指导要点》两个重要文件，引导家长明白幼儿入学所需的关键素质，即身心准备、生活准备、社会准备和学习准备四个方面的发展目标、具体表现和教育建议。尤其针对家长关于数学幼小衔接的疑惑和困扰，整理出学习手册发放给家长，向家长宣传正确的教育理念，家园达成教育目标共识。

（二）邀请家长参观幼儿园组织的数学活动

我们将充分利用好家长半日活动，邀请家长观摩班级组织的数学活动，如"种子的秘密"，通过这样有趣的活动，让幼儿在活动中初步学习使用统计的方法进行记录、学习8—10的分合，让家长认识到幼儿园的数学学习是隐含在游戏活动中的，并不是家长认为的"数学缺位"。我们还通过表格的形式，向家长展示大班幼儿数学学习与发展的核心经验、大班和一年级的数学学习目标要求，让家长认真比对自己以"成人视角"让幼儿超前学习数学知识的做法，使家长认识到自己的教育方法不符合现阶段幼儿发展的规律，从而及时更新自己的教育观念。

（三）挖掘绘本资源，引导幼儿趣味学数学

绘本教学如今在幼儿园教学中比重越来越大，这是因为绘本是幼

儿最佳的读物。我们以兴趣为导向，挖掘、甄选适宜的优质数学绘本资源，推荐给家长。通过亲子阅读，幼儿不仅可以培养阅读的好习惯，还可以在阅读的过程中培养数学思维。绘本具备多元化的教育价值，深受幼儿喜爱，我们还通过绘本设计出一些好玩的数学游戏，让家长在家里与幼儿一起玩，这样的亲子游戏不仅有趣、好玩，还能让幼儿在轻松的游戏氛围中感受和学习数学知识。如关于测量的数学绘本《一寸虫》，在亲子共读中，我们指导家长以故事主角"一寸虫"为主线，通过有趣的故事情境，引导幼儿初步了解"寸"的概念，萌发对测量的兴趣。而在亲子游戏中，家长则可以带着幼儿做一只可爱的"一寸虫"，尝试去测量家中的不同物品，引导幼儿寻找生活中常见的测量工具，激发幼儿的探究欲望。

（四）遵循幼儿学习发展轨迹，形成以儿童为本的认知

对于幼儿来说，学习生活中的数学、应用性数学远比概念性数学、系统性数学来得更重要也更具有实际意义。我们应该遵循幼儿数学学习和发展的轨迹，真正做到以幼儿为本，让数学回归幼儿的生活，引导幼儿运用数学思维去面对生活中的问题，在发现问题和解决问题的过程中，发展幼儿思维的抽象性、逻辑性和条理性。因此，我们以生活为导向，充分引导家长关注生活与周围环境，挖掘与之相关的数学知识，提高家长引导幼儿在生活中学习数学的意识。如家长在接幼儿回家的路上，遇到红绿灯就提醒幼儿观察红绿灯，让幼儿数数红绿灯的数量，并观察红绿灯旁边数字跳动的变化，发现红绿灯变化的规律。又如在家引导幼儿做家务，让幼儿学会归类与整理，不仅可以养成好习惯，还能感受到数学在生活中的运用……相信在这样的教育理念下，家长的教育方式会逐步转变，懂得要关注幼儿的兴趣与需求，遵循幼儿的学习特点和发展轨迹，做到科学育儿。

五、工作总结

通过一系列的措施,让家长充分认识到"不遵循儿童学习发展轨迹,总以成人为本,让幼儿学习成人所预想的知识"是不科学的,也是不符合幼儿发展规律的,幼儿园要帮助家长形成正确的教育观、育儿观。而家长在开展数学绘本亲子阅读、数学亲子趣味游戏、引导幼儿寻找日常生活中的数学等的过程中,不仅密切了亲子关系,还让幼儿充分体验了数学学习的趣味性与实用性,为幼儿全面、正确地认识数学起到了正向启蒙作用。

湖北省咸宁市直属机关幼儿园　阮琳

"引导家长正确认识户外游戏的价值"指导方案

一、问题描述

《幼儿园教育指导纲要（试行）》指出："家庭是幼儿园重要的合作伙伴，应本着尊重、平等、合作的原则，争取家长的支持、理解和主动参与，并积极支持、帮助家长提高教育能力。"户外游戏是幼儿园一日活动中不可或缺的一部分，每日要保证户外两小时的游戏时间，可见户外游戏在幼儿园活动中的重要地位。然而，幼儿园自主、自由、开放的户外游戏活动常常会引发家长的困惑和疑虑，特别是小班新生家长对幼儿在园户外游戏中的安全、教育价值等的理解存在诸多问题，如家长认为幼儿小怕在活动中磕着碰着了，就会出现故意不让幼儿参与户外游戏的情况，还有"玩泥太脏了""梯子和滚筒太危险了""沙子会进眼睛的，不能玩"等，以上原因导致教师在开展户外活动时畏手畏脚。

二、原因分析

基于以上问题，我们跟家长们做过细致的交流，家长的反馈主要有：对户外游戏安全问题的担忧，对幼儿园组织的活动不了解，缺乏对户外游戏的关注，很少留意幼儿在户外游戏中会做些什么、玩些什么，没有认识到户外游戏对幼儿发展的重要性等。这些都反映了家长对幼儿户外游戏的认知不够。除此之外，幼儿园方面的指导工作做得

也不足，缺乏更多形式的组织与宣传，没有帮助家长认识户外游戏对幼儿发展的重要作用，也没有向家长普及幼儿在户外游戏中可以获得哪些发展，从而导致家长对幼儿参与户外游戏的不配合、对教师组织户外游戏的不支持。

三、工作目标

1. 多途径宣传户外游戏的价值，帮助家长转变理念。
2. 多途径对家长进行引导与指导，提升家长的认知与教育能力。

四、工作措施

（一）多途径宣传，帮助家长转变理念

我们摒弃之前单一的口头宣传或简单讲述，收集家长的问题和困惑，利用多种途径和家长进行沟通交流，让家长变被动接受为主动学习，帮助家长理解、接受幼儿园开展户外游戏的必要性。我们也会重视每一次家长会，面向全体家长宣传户外游戏课程理念，并通过游戏视频，让家长了解幼儿在户外游戏中的表现，增加家长对户外游戏了解的程度。关注全体家长的同时，我们也会注重家长的个性化需求，给出有针对性的建议，帮助家长彻底转变对幼儿户外游戏的看法。

（二）录制专业视频，答疑解惑化担忧

针对家长在幼儿户外游戏过程中的各种担忧，我们集中汇总问题录制专业视频，为家长答疑解惑，引导家长认同户外游戏对幼儿发展的价值，提升家长对教师的信任度。与此同时，我们还通过多种平台向家长宣传我们录制的专业视频，有效与家长互动，化解家长的疑虑和担忧。比如，户外游戏中的安全问题牵动着每一位家长的心，关于这方面，我们录制了一系列安全小视频。比如，游戏材料选择的安全性，游戏环境布置的安全性，如何提高幼儿在游戏中的安全意识，教师对幼儿游戏中安全事项的关注，等等。方方面面的安全问题通过通俗易懂的专业视频展示给家长，逐步打消家长对幼儿户外游戏安全方面的担忧。

(三) 多途径指导，提升家长的认知与教育能力

1. 每日分享游戏视频

幼儿户外游戏每天都在进行，幼儿的成长与发展每天都在发生。我们注重使用照片和视频并配以文字注解的方式记录幼儿的户外游戏活动，然后分享给家长，让家长通过视频看到幼儿在游戏中的精彩瞬间、创造性表现、同伴间的互动、孩子们的欢声笑语……让家长更加直观地看到幼儿在户外游戏中玩什么、怎么玩，感受到幼儿在自主自由游戏状态下的快乐，帮助家长加深对幼儿户外游戏的了解。

2. 邀请家长参与游戏视频的解读

邀请个别家长参与游戏视频的解读，之所以这样做，是因为有家长的参与更容易让广大家长信服。教师解读幼儿游戏时，可以侧重分析幼儿的游戏行为、学习特点及发展方向，而家长解读时则更多地谈论自己的感受，分享幼儿的成长点。不同的立场让家长们的感受不一样，这样的合作模式，能有效帮助家长更好地读懂幼儿的游戏，理解游戏中幼儿的动作与行为、情绪、学习品质和能力发展，从而珍视游戏的独特价值。

3. 注重幼儿对游戏故事的分享

户外游戏不只是教师对整个过程进行观察与解读、反思与调整，更有价值的是幼儿的反思与心得体会。因此，我们很注重幼儿分享在游戏中发生的故事，并以每月推荐的方式，将相关视频分享给家长，引发家长对幼儿思维发展的思考，发现不一样的幼儿，感叹幼儿的学习力，进一步认同户外游戏对幼儿发展的价值。

4. 引导家长亲身体验幼儿游戏

我们利用家长开放日活动，引导家长参与幼儿的户外游戏。家长与幼儿一起体验游戏的同时，尝试像老师一样"管住手、闭上嘴、睁大眼睛、竖起耳朵"，细心观察幼儿在户外游戏中的一举一动、一言一行。用心去看、去听、去感受游戏带给幼儿的一切。游戏结束后，

再邀请家长解读幼儿的游戏，通过这样的亲身体验，可以不断更新家长对户外游戏的认识，感受游戏的意义。当然，除了让家长现场观察评价幼儿的游戏，我们还会邀请家长以游戏者的身份参与幼儿的游戏，让家长置身于幼儿的游戏中，与材料、环境互动，回归童年，从而发现不同材料、不同场地给幼儿游戏带来的各种有趣探究和多种能力的发展，真实感受幼儿是有能力的学习者，进一步理解户外游戏的价值。

更重要的是，当家长亲眼目睹和亲身体验幼儿的游戏环境，感受幼儿的游戏方式时，家长更加打消了对游戏安全的顾虑，也愿意相信幼儿有一定的危险判断能力和评估能力，并愿意协助老师一起强化幼儿在游戏中的安全意识。

5. 精彩展览，发现幼儿的成长

我们注重将幼儿的户外游戏故事表征记录册、游戏照片（精彩瞬间），让幼儿带回家与爸爸妈妈分享，并进行亲子留影，为幼儿的精彩生活增色。教师可结合幼儿的游戏主题收集相关活动照片、幼儿表征、家长参与互动的照片及评价、教师的案例解读及评价等制作成展板，布置在户外游戏展览区供家长欣赏，这样能够显性地让家长看到幼儿的点滴进步和成长轨迹。

随着一系列措施的实施，家长们不仅转变了教育观念，提高了认知，也提高了自己的教育能力。他们能够从幼儿的游戏中感受幼儿的内心想法和需求，理解他们的行为，逐渐学会肯定和支持幼儿的户外游戏，也不断拉近了家园的距离，进而与教师达成教育共识，形成合力，共同去帮助幼儿、支持幼儿更好地发展。他们也不再只关注幼儿玩游戏时的情绪状态，会去分析幼儿现阶段的能力水平和接下来的发展方向，会从幼儿的角度去思考自己的教养行为是否得当，会在生活中更加注重陪伴和一对一倾听、理解、支持幼儿。通过家园合作，家长的家庭教育能力不断提高的同时，亲子关系也变得更加亲密、温馨。

五、工作总结

　　户外游戏是幼儿喜欢的活动之一，积极参加户外游戏，不仅能让幼儿情绪愉快，精神焕发，充满朝气，而且能增强幼儿的自信心，培养幼儿多方面的能力和意志品质。经常参加户外锻炼的幼儿有更多发展的可能性。游戏的主人是幼儿，开放自由的环境及氛围带给幼儿的是广阔的、自由的、快乐的游戏时空，支持幼儿参与自由、自主、创造性的游戏就是支持他们全面发展。

　　通过一系列的实践，不仅改变了家长的观念，提高了家庭教育能力，也促进了教师的专业成长，进而使幼儿在户外游戏中更好地收获成长。教师原本只专注于教育者、引导者的角色，随着家园共育理念的不断深入，教师更要做好科学育儿的宣传者和家庭教育的指导者。通过对户外游戏理念及专业知识的不断宣传，教师在家长心里的角色认知更为专业。教师也越来越乐意主动与家长交流育儿方面的专业知识，传播科学的教育理念。同时，教师在户外游戏组织开展中也更加重视自身以观察者的身份关注幼儿游戏的方方面面，并能将观察到的分享给家长，做集体或一对一的教育剖析。教师要能够引导和鼓励家长欣赏幼儿的游戏，理解幼儿的个性化游戏行为，思考其背后的原因。日积月累的互动，让教师在观察幼儿和解读幼儿游戏行为时更加游刃有余，家园互动与合作变得更加自然和谐。支持幼儿的游戏不再只是依靠教师，更能发挥家庭资源，共促幼儿发展与成长。

　　在教师与家长的支持下，幼儿的游戏也更加自主、自由，既保障了幼儿户外游戏的时间，又提升了幼儿户外游戏的能力。幼儿的游戏时间得到了保障，充足的时间给了幼儿探索游戏的机会，幼儿的游戏更加持久而深入，幼儿游戏的经验也更为丰富。家园携手让幼儿更好地在游戏中学习、在游戏中成长。

当然，户外游戏蕴含着大量的"不确定"，需要我们不断挖掘其价值，以更好的家园共育理念调动幼儿在游戏中自主自发地探索、发现、创造，成就幼儿自主成长，个性化发展！

浙江省嘉兴市海宁市许村镇中心幼儿园　周万丽

"规则游戏提升家庭教育质量"指导方案

一、问题描述

幼儿家庭教育是教育的重要组成部分,是社会教育和学校教育的基础。良好的家庭教育在幼儿一生的教育中占据着举足轻重的地位,提升幼儿家庭教育质量对幼儿的发展有着深远的影响。家庭教育的重要性和必要性被越来越多的家长所重视,但在具体实施过程中却出现了一些共性问题:部分家长受传统教育观念的影响,不能用正确的思想、态度和方法去教育幼儿;部分家长不能高质量的陪伴幼儿,家长"盲玩",导致幼儿无趣;父母忙于工作,缺乏亲子之间的交流;等等。家长这种低质量的教育不但不能帮助幼儿健康成长,而且还会影响幼儿的身体发育和智力发展。

二、原因分析

家长没有很好地掌握家庭教育方法与技巧是幼儿家庭教育中存在问题的主要因素。幼儿园作为专业的教育机构,应指导家长了解3—6岁幼儿的年龄特点,遵循幼儿发展规律,采用科学的方式方法在家庭中实施教育,促进幼儿全面和谐发展。为了提升家长的家庭教育质量,经过多次尝试,考虑到我园在规则游戏领域有相对丰富的经验,于是侧重这一领域,积极探索帮助家长提升家庭教育质量的方式方法,增进亲子之间的感情。

三、工作目标

1.借助规则游戏引导家长与幼儿建立良好的亲子关系，有效陪伴幼儿成长，为幼儿良好综合素质的发展奠定基础。

2.积极向家长推荐教师收集、整理、仿编、改编的规则游戏，并指导家长将其运用于家庭教育中。

3.归纳总结有效策略与方法，提高家长的家庭教育意识与能力。

四、工作措施

（一）向家长推广规则游戏

规则游戏是儿童游戏的一种，即游戏过程必须是按照一定的规则来进行的儿童游戏。规则游戏与其他游戏不同的地方就是其规则性，"规则"是其核心部分。同时，规则游戏又有一定的趣味性或竞争性，规则游戏的游戏者需要共同遵守游戏规则，参与者形成一个整体，它强调的是整体的相互关联，因此，规则游戏有助于帮助幼儿去自我中心化。规则游戏也是幼儿很喜欢的游戏，常见的规则游戏有跟随音乐互动进行的音乐游戏、与发展幼儿体能相关让幼儿适度运动的体育游戏、有健脑益智的智力游戏、有以手部灵活性动作为主的手指游戏、有发布语言指令的听说游戏等。在家庭中，规则游戏便于实施，目的性强，对场地和参与游戏的人数要求比较灵活，家长可以通过规则游戏，趣味地、有计划地实施家庭教育，既便于幼儿接受教育，又能激发幼儿做事的兴趣。我们主要是借助音乐游戏、体育游戏、手指游戏、听说游戏，将适合不同年龄幼儿的规则游戏方案、视频二维码，利用多元化家园联系方式向家长推广，同时在家长与幼儿进行亲子游戏的过程中给予家长正确的指导，帮助家长在游戏中分析幼儿，感受游戏为提升家庭教育质量带来的益处。

（二）理解游戏是幼儿最佳的学习方式

如今生活节奏快，成年人的工作压力较大，为了让幼儿以后的生活轻松一些，一些家长错误地认为现阶段让幼儿学习各种技能才是当务之急，游戏可有可无。于是，我们通过各种形式向家长推荐适合在家庭中进行的亲子规则游戏。家长通过与幼儿在家开展不同的亲子规则游戏，可以重温快乐的童年，也增加了对幼儿游戏的理解，知道了游戏是幼儿最佳的学习方式。幼儿通过游戏可以认识世界和探究世界，游戏在幼儿发展过程中占据着举足轻重的地位。充分满足幼儿的游戏需求，可以更好地促进幼儿全面发展，对幼儿将来适应社会也有很大的帮助。

（三）通过游戏互动引领家长尊重幼儿

每一名幼儿都是一个独立的个体，他们有自己的思想和喜好，作为成年人我们应该学会尊重幼儿的想法，开展规则游戏能很好地帮助成年人去尊重幼儿、支持幼儿。如有家长主动向班级老师反馈：在家中和幼儿进行体育游戏"老狼老狼几点了"时，游戏原有的玩法是老狼捉到小羊后可以交换角色，也可以选择吃掉小羊，幼儿却提出吃掉小羊太残忍，建议问小羊一些简单的问题，回答对了就放小羊走，然后继续游戏。这位家长很赞同幼儿的想法，也对幼儿这样的回答感到很惊讶，幼小的心灵有了怜悯之心。这位家长采用了幼儿的建议后，孩子不但玩儿得更开心，而且也体验到了被认可的幸福感，同时还创新了游戏的玩法。有时幼儿的想法是成人想不到的，而且很有新意，家长在家中要学会尊重、支持幼儿的想法，这在很大程度上可以提升幼儿的自信心与成就感，也让家庭教育的实施更轻松，在潜移默化中使家庭教育质量得到提升。

（四）通过游戏锻炼幼儿各种能力

维果茨基认为规则游戏是由明显的规则和隐蔽的想象情境所组成的，规则具有"约定"的作用，幼儿如果能按一定的规则做游戏，可以培养幼儿的规则意识，发展其逻辑思维能力，同时也能发展幼儿的注意力，帮助幼儿形成遵守集体和社会道德规范的习惯。规则游戏蕴

含着智慧又富有挑战的游戏设计,以及明确的游戏规则,能够充分调动幼儿多感官参与,可以提高幼儿的观察、注意、记忆、思维、语言等能力,使幼儿在游戏中获得全方面发展。比如听说游戏"猫和老鼠",猫醒来就要捉老鼠了,小老鼠只有回到规定的"洞口"才算成功偷到"粮食"。幼儿在这样的游戏中通过听、跑、抓等,不但锻炼了专注力、倾听习惯、敏捷反应能力,身体各部位都得到了锻炼,而且对幼儿的大、小肌肉发育,骨骼、关节的灵活性与协调性等都有百利而无一害。

(五)通过游戏培养幼儿的良好品质

皮亚杰通过研究发现,儿童规则行为的发展需要经历四个阶段,即3岁左右以动作为中心的玩物阶段、3—5岁以自我为中心的游戏阶段、5—8岁的初步合作阶段、11—12岁的规则协调阶段。各种游戏既是幼儿释放天性的手段,也是帮助幼儿认识世界、塑造优秀品质的重要途径,尤其是家庭中的规则游戏,有助于幼儿规则行为能力的提升,从而培养幼儿形成更多终生受益的良好品质。比如在玩规则游戏时,规则的本质就是一种契约,遵守规则也是自律和诚信的体现,规则游戏可以让幼儿意识到规则的重要性,同时培养诚信的品质。而且,家庭规则游戏是一种很好的亲子互动形式,在家里幼儿更容易轻松、自在地投入玩耍当中,这种体验有助于培养幼儿的自我意识,融洽的亲子关系让父母能够更自然地对幼儿进行教育。

(六)通过游戏提升家长的陪伴质量

《3—6岁儿童学习与发展指南》健康领域指出:"为有效促进幼儿身心健康发展,成人应为幼儿创设温馨的人际环境,让幼儿充分感受到亲情与关爱,让幼儿形成安全感和信赖感。"现在,家长普遍意识到家庭教育的重要性,愿意陪幼儿玩耍,但不知道该怎样开展亲子之间的游戏,导致幼儿玩得枯燥无味,大人也觉得陪伴是一件有难度的事情。基于此,我们不仅定期向家长推荐适合幼儿年龄特点及发展水平的规则游戏,还会有针对性地指导家长如何开展亲子游戏,如在开展亲子听说游戏"动物火车"中,我们指导家长和幼儿的互动,通过不同的动物种类以及相应的量词,引导幼儿进行完整句的练习,游戏不仅丰富了幼儿的词汇,而且增加了幼儿表达完整句的机会,亲子之间的感情也得到了提升;又如在开展手指游戏"手指变变变"时,家长和幼儿边说儿歌边游戏,游戏过程中不仅锻炼了幼儿小手的灵活性,还对方位有了更进一步的认识,对以后学习方位有很大的帮助。朗朗上口的儿歌,加上相应的手部动作,家长和幼儿在互动过程中其乐融融,亲子之间的关系更亲密。

在亲子规则游戏过程中,幼儿兴趣浓厚,每一类游戏都能带给幼儿不同的体验,发展幼儿不同的能力,使幼儿形成安全感和信赖感。由此可见,在家庭中开展亲子规则游戏能很好地提高家长陪伴幼儿的质量,从而提升家庭教育质量。

(七) 通过游戏有效增进亲子交流

《3—6岁儿童学习与发展指南》社会领域指出:"家庭应为幼儿创设温暖、关爱、平等的家庭生活氛围,建立良好的亲子关系,让幼儿在积极健康的人际关系中获得安全感和信任感,形成基本的认同感和归属感。"现在家长工作较忙,陪幼儿的时间很少,这直接导致幼儿对父母并不是很亲近。然而借助规则游戏可以帮助家长改善亲子关系,如在音乐游戏"一只公羊山姆山姆"中,家长和幼儿根据节奏进行语言与肢体上的交流,一会儿幼儿给家长捶捶背、一会儿家长给幼儿大大的拥抱、一会儿幼儿给家长甜甜的吻、一会儿家长给幼儿肯定的眼神等。在此过程中,游戏的参与者既娱悦了身心,又增加了亲子之间的交流,增进了亲子之间的感情。

五、工作总结

不同的规则游戏不仅对幼儿语言、交往、合作、运动等方

 幼儿园家庭教育指导方案精选30例

面能力的发展有很大的推动作用,还能很好地改善亲子之间的关系,让家长与幼儿之间的关系更为亲密,增进了亲子之间的感情。幼儿在与家长进行亲子游戏的过程中健康快乐地成长,他们会拥有一个难忘的游戏童年。

山东省滨州市滨城区第七实验幼儿园 赵红艳

"提高家长家庭教育能力"指导方案

一、问题描述

在现实中，许多家长由于缺乏教育专业知识，往往在家庭教育中存在一些误区。例如，有的家长可能过于关注幼儿的智力发展，忽视情感和社会性发展的重要性；有的家长在教育过程中过于严厉或过度溺爱，导致幼儿性格发展不平衡；还有的家长对幼儿教育存在焦虑情绪，进而采取不当的教育方式，给幼儿造成心理压力。这些误区不仅影响家庭教育的效果，还可能对幼儿的长远发展带来负面影响。

二、原因分析

幼儿期是幼儿身心发展最为关键的阶段，家庭教育在这一时期具有重要的影响力。在家庭教育中，家长是幼儿的首任教师，但由于家长普遍缺乏系统的教育知识和技能，往往会在教育过程中遇到诸多困难和挑战，常常由于缺乏科学的家庭教育指导方法，导致教育幼儿的效果不理想。幼儿教师作为专业教育工作者，承担着指导家长进行科学、有效的家庭教育的责任，应指导家长知道进行家庭教育的必要性，并提出具体的指导策略，以期帮助家长更好地发挥家庭教育的作用。通过有效的指导，不仅能够帮助家长提升家庭教育质量，还能够确保幼儿在家庭环境中得到与学校教育相辅相成的支持与发展，从而促进幼儿的全面成长。

三、工作目标

1.帮助家长知道进行家庭教育的必要性，树立家长科学实施家庭教育的意识。

2.通过各种指导策略，帮助家长提升家庭教育能力，同时提高教师的专业性。

四、工作措施

(一)帮助家长知道进行家庭教育的必要性

家庭教育是幼儿教育的重要组成部分，对幼儿的性格、习惯、情感、智力等方面的发展具有深远的影响。家庭是幼儿成长的第一环境，家长的教育理念、方式和行为对幼儿的心理发展和行为习惯具有直接的影响。在幼儿的早期发展过程中，家庭教育质量的高低将直接决定幼儿在心理、认知、社交等方面的成长。尽管幼儿园教育能够为幼儿提供系统的知识教育和社会化训练，但这些教育往往仅限于学校环境内，且时间有限，真正影响幼儿日常行为和习惯的是家庭教育。因此，家庭教育的质量在幼儿整体教育体系中占据重要地位。

(二)家长要有做好家校合作的意识

有效的家庭教育不仅依赖于家长的努力，还需要与幼儿园的教育形成良好的互动和合作关系。家校合作是幼儿教育的重要组成部分，通过家校间的密切沟通与合作，能够形成教育的合力，为幼儿的成长创造更为良好的教育环境。家长要具备主动跟教师沟通的意识，可以向教师反馈家庭教育中的困惑，幼儿教师作为专业的教育工作者，具备较为丰富的教育理论知识和实践经验，能够识别并纠正家长在家庭教育中的误区与困惑，帮助家长树立科学的教育理念，采用适宜的教育方式，帮助家长提升家庭教育的有效性。

需要注意的是，幼儿教师在指导家长进行家庭教育的过程中，不仅要传授教育方法，还应帮助家长理解学校的教育目标和策略，使家庭教育与学校教育在目标和方法上保持一致性，形成良性互动。

这种家校合作关系，不仅能够增强家庭教育的效果，还能够为幼儿的成长提供一个更加和谐、稳定的教育环境，促进幼儿全面发展。

（三）通过定期家长会和家庭访谈加强指导

有效的家校沟通是幼儿教师指导家长进行家庭教育的基础，我们定期举行家长会和家庭访谈是实现这一目标的重要手段。

家长会不仅是一个单纯的信息传达会，还应是一个双向互动的平台。在家长会上，教师可以系统地向家长介绍幼儿园的教育理念、教学计划以及具体的教育方法，使家长能够全面了解幼儿园的教育目标和方向，从而在家庭教育中与之相配合。家长会还应当为家长们提供一个交流和学习的机会，教师可以组织小组讨论，鼓励家长们分享各自的教育经验和心得，讨论在家庭教育中遇到的困惑和问题。通过这种互动，家长们可以彼此借鉴和学习，从而在家庭教育实践中获得更多启示和帮助。

家庭访谈则是教师与家长进行深入沟通的重要方式。通过一对一的访谈，教师能够深入了解每个幼儿在家庭中的表现，以及家长在教育过程中面临的具体挑战。家庭访谈不仅限于了解幼儿的成长环境和家庭背景，还应关注家长的教育观念、价值取向和对教育的期望。通过这种深入的交流，教师能够更好地理解家长的需求和困惑，从而提供有针对性的建议和指导。家庭访谈还可以帮助教师识别出一些潜在的问题，例如家庭环境对幼儿心理发展的影响，以及家长与幼儿之间的沟通问题。这些信息对于教师制定个性化的教育指导方案非常重要，有助于教师在指导家长时更加精准有效，确保家庭教育能够最大限度地支持幼儿的健康成长。

（四）提供系统化的家庭教育指导以及培训

除了日常的沟通与交流，幼儿教师还应为家长提供系统化的家庭教育指导与培训，以帮助家长在家庭教育中应用科学的教育方法。

许多家长在家庭教育中缺乏理论支持和实践经验,面对复杂的育儿问题往往感到无所适从。为此,我们定期组织家庭教育专题讲座、教育沙龙、工作坊等,帮助家长掌握幼儿心理发展、亲子沟通技巧、行为引导等方面的知识和技能。讲座和沙龙结合实际案例进行讲解,目的在于使家长能够直观理解和应用这些理论知识。

我们还邀请幼儿心理学家、教育专家等专业人士为家长进行专题培训,解答家长在实际教育过程中遇到的具体问题,并提供专业的建议和指导。这些培训活动不仅有助于家长掌握科学的教育方法,还有助于他们树立正确的教育观念,避免在家庭教育中走入误区。例如,有次培训中强调情感教育的重要性,我们引导家长关注幼儿的情感需求和心理健康,而不仅仅是智力发展的培养。

通过这些系统化的培训,家长不仅能够提升自身的教育能力,还能够在教育理念上与幼儿园教育保持一致,形成更好的家校协同效应。

(五)注重对家长的个性化指导与情感支持

每个家庭的情况各异,家长的教育观念和幼儿的个性特点也存在差异,因此,我们在指导家长进行家庭教育时,也会注重个性化的指导与情感支持。

个性化指导是指根据每个家庭的具体情况,我们提供适合他们的教育建议和方法。例如,某些家长可能在面对幼儿的叛逆行为时感到束手无策,我们就结合幼儿的性格特点和家庭环境,提出有针对性的亲子沟通技巧和行为管理策略,帮助家长更有效地应对挑战。同时,我们还鼓励家长在教育过程中保持开放和灵活的心态,学会根据幼儿的实际表现调整教育方法,从而更好地支持幼儿的成长。

在提供个性化指导的同时,我们也注重对家长的情感支持。家庭教育往往是家长的"重头戏",他们在育儿过程中不可避免地会遇到各种压力和困惑,情感上的支持对他们十分重要。我们会通过倾听和共情,帮助家长表达他们在教育过程中的困惑和情感需求,并给予积极的反馈和鼓励。例如,在与家长的交流中,通过认可家长的努力和成就，增强他们的教育信心。同时帮助家长缓解因育儿而产生的焦虑和压力，提供实用的减压技巧和心理支持，从而激发家长在家庭教育中的积极性和动力。

这种个性化的指导和情感支持不仅能够帮助家长更好地应对家庭教育中的挑战，还能够促进家长与教师之间的信任和合作。通过建立更加紧密的家校合作关系，教师和家长能够共同为幼儿提供一个更加和谐、支持性的成长环境，有助于幼儿心理、情感和社会性等方面的全面发展。

总之，个性化的指导与情感支持是幼儿教师有效指导家长进行家庭教育的重要策略，通过这一策略，教师能够帮助家长更科学、更自信地进行家庭教育，为幼儿的健康成长打下坚实的基础。

（六）充分发挥家园互动平台的作用

在信息化迅速发展的今天，家园互动平台为家校合作提供了更加便捷和高效的渠道。幼儿教师应充分利用这些平台加强与家长的互动和交流，进一步做好家庭教育指导工作。我们通过家园互动平台定期推送有关幼儿教育的科普文章、教育视频、专家讲座等，帮助家长及时获取科学的教育信息。这些内容涵盖了广泛的主题，如幼儿早期发展、情感教育、家庭教育技巧等，使家长能够不断更新教育知识，提升家庭教育的科学性和有效性。

家园互动平台还可以用于一对一的个性化指导，家长在家庭教育中遇到的具体问题，可以通过平台直接向教师咨询，教师根据实际情况提供具体的建议和指导。这种实时的指导方式使家长能够及时解决教育中的难题，避免问题的积累和延误。

家园互动平台也为家长之间的交流提供了便利，家长们可以在平台上分享育儿经验、讨论教育方法，互相支持和鼓励，形成一个积极的教育共同体。这种家长之间的互动不仅能够增强家庭教育的效果，还能够促进家长在教育理念和方法上的提升，进一步提高整体的家庭教育水平。与此同时，教师还会根据家长们的困惑，有针对性地向家

 幼儿园家庭教育指导方案精选30例

长推荐一些优质的教育资源，如教育书籍、育儿影片、网络课程等，鼓励家长在日常生活中持续学习和提升，从而更好地支持幼儿的全面发展。

五、工作总结

家庭教育对幼儿的影响不言而喻，我们通过有效的沟通、系统的培训、个性化的指导以及信息化互动平台的利用，有效帮助家长提升了家庭教育的质量，促进幼儿的全面发展。今后，我们将继续探索和创新家庭教育指导的方法和策略，积极联合家长，共同构建一个和谐、高效的教育生态环境，为每一名幼儿的健康成长保驾护航。

河北省石家庄市直机关第一幼儿园 杨文

"定制活动提升祖辈家长教养能力"指导方案

一、问题描述

"家园合作共育"是幼儿园教育的重要组成部分，对幼儿的全面和谐发展起到了积极促进作用。但是，在现今家庭里，由于父母的相对缺位，大部分幼儿由祖辈家长负责照顾，祖辈教育在家庭教育中已逐渐成为不容忽视的教育模式之一，占据着非常重要的位置。鉴于很多祖辈家长更关注幼儿的生活细节，忽略幼儿的心里健康、行为健康的育儿理念，我们想到以"定制活动"的形式引导祖辈家长改变固有观念，提升教育能力。然而，对祖辈家长来说，我们组织的活动更像是一个"任务"，是一项"家庭作业"，并不能从真正意义上调动祖辈家长参与活动的积极性，这值得我们深思。

二、原因分析

1.活动内容忽略祖辈家长特征

幼儿园开展祖辈家长亲子活动时，教师选择的活动内容往往容易忽略祖辈家长在整个活动中可能会出现的"三不"情况："不熟悉、不擅长、不明白"，即对活动内容不熟悉、对参与的活动不擅长、对活动的规则不理解。这些实际情况既影响幼儿参与活动的兴趣，又降低了祖辈家长参与亲子活动的积极性，在一定程度上不利于祖辈家长更好地介入必要的家庭教育指导活动。

2.祖辈家长参与活动流于形式

这主要是因为祖辈家长教育理念的缺位，把自己定为幼儿生活的照料者，而忽视教育者的身份。这导致祖辈家长在亲子活动中经常以"观众"或"听众"的身份参与活动，活动中不积极主动，更缺少与幼儿的互动，这样的活动无疑趋于形式主义，并没有体现出活动的价值，祖辈家长的教育观念没有得到改善、教养能力也没有得到提升，对幼儿的发展也就没有起到作用。

三、工作目标

1.关注祖辈家长在家庭教育中的重要作用，通过"量身定制"活动，让祖辈家长认识到科学育儿的重要性，提升教养能力。

2.充分发挥祖辈家长的特长资源，拓宽合作共育途径，为祖辈家长科学实施家庭教育提供更多经验支撑。

四、工作措施

《幼儿园工作规程》提出："幼儿园应主动与幼儿家庭配合，帮助家长创设良好的家庭教育，向家长宣传科学保育、教育幼儿的知识，共同担负教育幼儿的任务。"由此可见，指导家长提高家庭教育能力是幼儿园教育工作的重要内容之一。那么，如何因势利导地优化祖辈家长的家庭教育功能，成为我们的工作重点。幼儿园一方需要积极引导祖辈家长充分认识家庭教育的重要性，发挥自身优势，提升家教素养；倡导祖辈家长积极参与幼儿园各类活动，形成协同育人的新型家庭教育模式。

为了提高亲子活动的价值，扩大亲子活动的效应，提升祖辈家长的教养能力，使祖辈家长同样能够成为实现家园合作共育的主力军，促进幼儿的全面和谐发展，我们实施了以下措施。

（一）关注祖辈家长特征，提升亲子活动效应

幼儿园开展亲子活动有着非常重要的意义，通过亲子活动能够让家长走进幼儿园,了解幼儿在园的学习、生活情况,有利于增进亲子间的感情交流,促进幼儿的健康成长,同时又能够帮助家长改变教育观念、提升教育能力。基于祖辈家长参与亲子活动的特殊情况,我们充分考虑祖辈家长各方面情况和特点,充分发挥祖辈家长的优势作用,积极开展适合祖辈家长参与的各类亲子活动,提升祖辈家长的教养能力。

1.活动内容顺应祖辈家长的兴趣需求

为了让祖辈家长积极参与各类亲子活动,我们根据祖辈家长的年龄特点,对亲子活动形式及内容进行适时调整和完善,选择祖辈家长熟悉并感兴趣的内容,提升祖辈家长主动参与活动的兴趣。

(1)征集祖辈家长喜爱的童年歌曲

在幼儿园开展的活动中经常会穿插一些歌曲,为了激发祖辈家长参加活动的热情,在歌曲的选择上,我们向祖辈家长发放"我最喜爱的童年歌曲"问卷调查表,整理出了幼儿和祖辈家长都熟悉并且喜爱的歌曲,以此增加祖辈家长参与活动时的熟悉感。比如,小班歌曲《小兔乖乖》《找朋友》等,中班歌曲《大鞋与小鞋》《鼓上的小米粒》等,大班歌曲《我爱北京天安门》《读书郎》等。

(2)满足需求

对于部分祖辈家长,尤其是女性祖辈家长来说,她们有很强的表演能力。我们充分给予她们主动表演的机会,并提供材料和场地,如在歌曲表演《我爱北京天安门》中,我们为幼儿和祖辈家长提供军装、军帽等服装配饰,配备小红旗等道具,祖辈家长与幼儿们全身心地投入到整个亲子活动情景之中,活动效果显而易见。

(3)游戏互动

活动中,我们注意添加适合祖辈家长参与的游戏,值得一提的是,必须考虑祖辈家长年龄大的特点,选择相对安全、运动量小的游戏,在充分体现游戏趣味性的同时,确保祖辈家长参与活动的安全性。通过游戏互动,不仅充分调动了祖辈家长的积极性,也让幼儿感

受到游戏的快乐。祖辈家长们也深切感受到自己是活动的主角，教育和引导幼儿健康成长也是自己不可推卸的职责。

2.活动场景凸显生活化特征

对于部分祖辈家长来说，幼儿园开展室内亲子活动有时会让他们产生局促感、紧张感，而在户外场地中开展亲子活动，却能够让祖辈家长置身于自然环境中，更自在地投入到亲子活动中。于是，我们就注重开发适合祖辈家长年龄特点的生活场景，如在户外场地模拟"菜场"，幼儿在祖辈家长的带领下，到"菜场"去自主买菜。祖辈家长在自己熟悉的场景下，能够以更为轻松的状态参与活动全过程，而他们良好的状态也潜移默化地感染了幼儿的情绪，让整个活动始终有序有效地推进。

（二）发挥优势资源作用，拓宽实施路径

《幼儿园教育指导纲要（试行）》指出："家庭是幼儿园重要的合作伙伴。应本着尊重、平等、合作的原则，争取家长的理解、支持和主动参与，并积极支持、帮助家长提高教育能力。"祖辈家长在参加我们定制的活动中，无疑会不断改变自己的固有观念，开始关注幼儿教育。很多祖辈家长能够及时关注幼儿园发放的通知，在家庭教育中遇到问题也能够主动向老师咨询，成效初显。为进一步增强祖辈家长的家庭教育指导能力，我们充分运用祖辈家长的优势资源，挖掘资源潜力，开展行之有效的祖辈家长助教活动。

1.祖辈家长小课堂

根据班级实际情况，我们充分了解祖辈家长职业背景和专长，邀请祖辈家长走进教室，用幼儿易于接受和吸收的专业知识，通过通俗易懂的讲解形式帮助幼儿获得教学活动以外的知识与经验。如浩浩爷爷曾从事社区民警工作，于是我们邀请浩浩爷爷来为幼儿开展安全知识宣传课。浩浩爷爷用一个个鲜活、直观的案例，教育幼儿从小树立安全意识，时刻牢记"安全第一"。

2.祖辈家长巧巧手

祖辈家长有丰富的生活经验，他们丰富的经历也有很多值得幼儿学习和传承的东西。我们尽力去发掘，把握机会，让幼儿积极学习与传承。如在《我是中国人》主题活动中，为了让幼儿深切感受中华民族优秀的传统文化和令人赞叹的民间手工艺，我们邀请擅长泥人面塑的祖辈家长向幼儿展示捏面人的手艺，让幼儿体验到不一样的非物质文化遗产带来的无穷魅力。既发挥了祖辈家长的专长，传递了他们的知识和经验，又拓宽了幼儿的眼界，提升了幼儿的综合素养。

（三）攻克"老顽固"，全面提升祖辈家长的教养能力

通过一系列实践，我们发现并不是所有祖辈家长都愿意做出改变。个别祖辈家长固执己见，对于育儿理论有自己的想法，不愿意听取、采纳老师或者幼儿父母的建议，始终按照自己的方式方法教养幼儿。为此，我们实施特色活动，不断提升祖辈家长的教养能力。

1.建立"夕阳社团"，定期开展分享活动

我们将班级中的祖辈家长集合在一起，建立了"夕阳社团"，定期开展经验交流分享活动。活动中表现突出的祖辈家长在社团中扮演着"主心骨"角色，倡导其他祖辈家长在聊聊家常的过程中，不忘一起分享科学的育儿知识和经验。通过"夕阳社团"，祖辈家长们互帮互助，切实解决了不少育儿困惑，那些固执己见的"老顽固"，在同伴的影响下或多或少的有些改变，并不断向好。

2."实地考察"，实现放手教育

由于目前双职工家庭较多，在幼儿上幼儿园之前的三年时间里基本上都是由祖辈家长负责照料，祖辈家长几乎占据了幼儿的"一片天"，"管理"着幼儿生活上的各种大小事务。祖辈家长最大的担忧就是对幼儿在园的生活不放心，总是担心幼儿会不会着凉、会不会吃不饱、会不会被欺负……由于总是放心不下幼儿生活方面的问题，就导致在教育幼儿方面没有心思下功夫。为了消除顾虑，我们对祖辈家长开放了幼儿园的小厨房，让他们进行实地考察，零距离和幼儿园的营

养员、保育员进行深度沟通和探讨,解决他们的后顾之忧,慢慢地学会放手,促使自己在科学育儿的道路上迈出一大步。

五、工作总结

通过定制活动,实现了对祖辈家长进行科学育儿的指导,使他们的教育观念有了明显改善。特别是他们对幼儿良好生活习惯的养成有了新的认同和转变,从以前的只关心"衣食住行"到现在关注如何培养幼儿的自理能力、如何引导幼儿学会与同伴友好相处等;掌握了较科学的教育手段和方法;会主动与幼儿父母沟通,积极配合幼儿园工作,与各方在科学育儿观念上达成一致,不再"独断专行"。

在祖辈家长逐步改变教育观念的过程中,幼儿的行为习惯也起到了"1+1>2"的效果。多数幼儿在没有了祖辈家长的一贯"庇护"后,慢慢地养成了自己的事情自己做的好习惯。不少祖辈家长能够给幼儿积极创设良好的学习环境与氛围,使幼儿潜移默化地感受祖辈家长既多元又"接地气"的教育,促进了幼儿的和谐发展。

通过对祖辈家长资源的深度发掘和利用,依据祖辈家长特点"量身定制"的亲子活动,形成了很丰富的资源库,为我们后续开展新的活动提供了良好的基础。祖辈教养作为一种客观存在的家庭教育方式,对幼儿的身心健康发展有着至关重要的作用。我们将不断探索为祖辈家长"量身定制"的亲子活动中存在的问题与不足,有针对性地深入研究有效策略,致力于提升祖辈家长科学育儿的能力,在共建共赢之路上迈出更大的步子。

上海市嘉定区迎园幼儿园 曹妍

跃芽文化幼儿教师培训用书

教师成长与专业素养

1. 做有智慧的幼儿教师
2. 做一名有进取心的幼儿教师——幼儿教师专业成长故事50例
3. 幼儿园新教师入职指导手册
4. 《3—6岁儿童学习与发展指南》教师实践案例
5. 幼小衔接那些事儿
6. 幼儿园里的"问题小孩"
7. 幼儿园里的"问题小孩"经典案例解析50例
8. 幼儿园班级管理实用技巧50例
9. 幼儿园一日活动教育技巧50例
10. 幼儿家长工作沟通问题50例
11. 幼儿园家园沟通案例故事精选50例
12. 幼儿园的50个安全管理问题
13. 幼儿园一线教师教育笔记精选50例
14. 幼儿园一线教学经验聚焦50例
15. 幼儿园自制玩教具精选50例
16. 幼儿园家园合作全攻略
17. 幼儿园家庭教育指导方案精选30例

活动设计与指导

18. 幼儿教师这样上公开课
19. 幼儿园五大领域绘本课精选50例
20. 幼儿园传统节日活动设计精选50例
21. 幼儿园可操作的区角活动180例
22. 幼儿园自主游戏观察记录精选40例
23. 幼儿园建构游戏50例
24. 幼儿园语言游戏50例
25. 幼儿园体育游戏50例
26. 幼儿园角色游戏50例
27. 幼儿园科学游戏50例
28. 幼儿园小班活动设计
29. 幼儿园中班活动设计
30. 幼儿园大班活动设计
31. 幼儿园大型活动轻松做

课程研究与实践

32. 幼儿深度学习课程故事精选50例
33. 幼儿园园本课程实施方案精选20例
34. 幼儿园课题研究方案精选30例
35. 高效开展幼儿园教科研活动
36. 幼儿园五大领域精选说课50例
37. 幼儿园教育教学实用技巧50例
38. 幼儿园早期阅读与绘本教学
39. 幼儿园优秀学习故事50例
40. 幼儿园游戏设计指导书
41. 新生入园那些事儿
42. 让幼儿爱上美术